A RESPONSABILIDADE CIVIL DOS ADMINISTRADORES DAS SOCIEDADES COMERCIAIS EM MOÇAMBIQUE

STAYLEIR MARROQUIM
Mestre em Ciências Jurídicas
Assistente da Faculdade de Direito da Universidade Eduardo Mondlane
Advogado e Agente Oficial de Propriedade Industrial

A RESPONSABILIDADE CIVIL DOS ADMINISTRADORES DAS SOCIEDADES COMERCIAIS EM MOÇAMBIQUE

A RESPONSABILIDADE CIVIL DOS ADMINISTRADORES
DAS SOCIEDADES COMERCIAIS EM MOÇAMBIQUE
AUTOR
Stayleir Marroquim
EDITOR
EDIÇÕES ALMEDINA, S.A.
Rua Fernandes Tomás, nºs 76, 78, 80
3000-167 Coimbra
Tel.: 239 851 904 · Fax: 239 851 901
www.almedina.net · editora@almedina.net
DESIGN DE CAPA
FBA.
PRÉ-IMPRESSÃO
EDIÇÕES ALMEDINA, S.A.
IMPRESSÃO E ACABAMENTO
PENTAEDRO, LDA.
Dezembro, 2011
DEPÓSITO LEGAL
337384/11

Apesar do cuidado e rigor colocados na elaboração da presente obra, devem os diplomas legais dela constantes ser sempre objecto de confirmação com as publicações oficiais.
Toda a reprodução desta obra, por fotocópia ou outro qualquer processo, sem prévia autorização escrita do Editor, é ilícita e passível de procedimento judicial contra o infrator.

 GRUPOALMEDINA

BIBLIOTECA NACIONAL DE PORTUGAL – CATALOGAÇÃO NA PUBLICAÇÃO

MARROQUIM, Stayleir

A responsabilidade civil dos administradores das sociedades comerciais em Moçambique
ISBN 978-972-40-4580-1

CDU 347

Dissertação apresentada para obtenção do grau de Mestrado sob a coordenação do Prof. Doutor António Menezes Cordeiro[1]

---

[1] Após a defesa da tese o texto sofreu melhoramentos com referência à data de 10 de Março de 2011.

Ao meu filho,
Allan Lewis Marroquim.

DECLARAÇÃO

O presente trabalho constitui um dos requisitos exigidos pela Faculdade de Direito da Universidade Eduardo Mondlane (FDUEM), no âmbito do processo de avaliação para obtenção do grau de Mestre, e foi elaborado tendo em conta as exigências desta instituição em relação às teses de mestrado.

O Autor

Stayleir Marroquim

PREFÁCIO

A personalidade colectiva representa, depois do contrato e da propriedade, a maior invenção jurídica, no campo da organização e do funcionamento sócio-económicos. Ela dá consistência às sociedades comerciais, face visível da atividade humana, a nível planetário.

Entre os diversos tipos societários, avulta a figura matricial das sociedades anónimas. Através delas, torna-se possível, no plano privado, montar organizações que congreguem esforços de muitos milhares de pessoas, de modo a levar a cabo empreendimentos que, de outra forma, seriam de difícil execução. A confiança é essencial: por isso, o Estado intervém, através de leis e de outros esquemas, assegurando a legitimidade dos procedimentos envolvidos.

A evolução dos sistemas jurídicos conduziu à livre constituição das sociedades. Pôs-se, a partir de então, um problema clássico: como assegurar a licitude das atuações societárias, de modo a proteger o público, os agentes económicos e os trabalhadores das empresas societárias? Em casos mais sensíveis, como o da banca, é inevitável uma regulação do Estado, através do Banco Central. Nos restantes, as diversas ordens jurídicas optam por criar sistemas de controle interno, com relevo para os órgãos de fiscalização. Neste esquema, podemos inserir a responsabilidade dos administradores.

As abstrações jurídicas têm limites. A técnica da personalidade coletiva postula regras dirigidas a entes imateriais. Ora tais regras redundam, necessariamente, em deveres de conduta encabeçados por seres humanos. Apenas estes podem assumir o dever-ser ínsito no comando jurídico. Podemos afirmar que as normas destinadas às sociedades são, em última instância, normas dirigidas aos seus administradores.

A personalidade coletiva limita – ou pode limitar – a responsabilidade pelas dívidas da sociedade. Mas tem outras consequências de maior relevo: ela torna os administradores irresponsáveis pelos atos que pratiquem, no exercício das suas funções, em nome e por conta da sociedade. Apenas esta responde. Tal extraordinário privilégio só se justifica, como é de esperar, quando o administrador se mova no âmbito das regras que lhe são próprias.

A responsabilidade dos administradores constitui, deste modo, uma via de excelência para conter as sociedades dentro das margens do Direito. Além disso, ela opera como área sensível, na base da qual se aperfeiçoam as regras relativas à administração societária.

No atual momento histórico, marcado pela globalização, pela fraqueza dos mercados internacionais e pelas dificuldades em estabelecer uma regulação planetária, tudo isto ganha um peso acrescido.

Moçambique, pela generosidade laboriosa das suas gentes, pela extensão e pela riqueza do seu território e pela posição de charneira que ocupa na encruzilhada de culturas e de tradições, afirma-se como pólo incontornável, nos sistemas lusófonos e na África Austral. Servido por uma ordem jurídica em permanente aperfeiçoamento e por uma geração de jovens cientistas, o Direito Moçambicano exprime a síntese dos valores que se nele entrecruzam.

A esta luz, saudamos vivamente a obra do Mestre Stayleir Marroquim, agora dada à estampa. O tema é oportuno. A obra desenvolve-se em termos sustentados, no entrosamento complexo, mas aliciante, do Direito das sociedades e do Direito da responsabilidade civil. Jogam-se meandros básicos do Direito de Moçambique, em termos fundamentais para o futuro da jurisprudência.

O livro *A responsabilidade civil dos administradores das sociedades comerciais em Moçambique* fica disponível para todos os estudiosos de língua portuguesa e, em geral, para o público interessado, como mais um passo no progresso do conhecimento no campo da Ciência do Direito.

ANTÓNIO MENEZES CORDEIRO
Professor Catedrático da Faculdade de Direito de Lisboa
Da Academia das Ciências de Lisboa

ABREVIATURAS

Ac.	– *Acórdão*
AAFDL	– *Associação Académica da Faculdade de Direito de Lisboa*
ADHGB	– *Das allgemeine deutsche Handelsgesetzbush*
AktG de 1937	– *Aktiengesetz* (Lei alemã das sociedades por acções e das sociedades em comandita por acções, de 30 de Janeiro de 1937)
AktG de 1965	– *Aktiengesetz* (Lei alemã das sociedades por acções e das sociedades em comandita por acções, de 30 de Janeiro de 1937)
Art.	– *Artigo*
BGB	– *Bürgerliches Gesetzbush* (Código Civil alemão, de 18 de Agosto de 1896)
BM	– Banco de Moçambique
BMJ	– *Boletim do Ministério da Justiça de Portugal*
BO	– Boletim Oficial
BR	– *Boletim da República*
Cap.	– *Capítulo*
CEE	– Comunidade Económica Europeia
Cfr.	– *Conferir*
Cimp	– *Cour Impériale* (Corresponde a *Cour d'Appel* oú *Cour d'Appelo,* durante o chamado segundo império)
CREL	– Conservatória do Registo de Entidades Legais
CRM	– *Constituição da República de Moçambique*
CRPM	– *Constituição da República Popular de Moçambique*
CC	– *Código Civil*
CP	– Código Penal
CPC	– *Código de Processo Civil*
CSC	– *Código das Sociedades Comerciais Português*

Dec.	– *Decreto*
Dec.-Lei	– *Decreto-Lei*
DG	– *Diário do Governo*
DM	– *Diploma Ministerial*
DR	– *Diário da República*
ed.	– *edição*
GmbHG	– *Gesetz betreffend die Gesellschaften mit beschränkter Haftung* (Lei alemã sobre as sociedades de responsabilidade limitada, de 20 de Abril de 1892)
HGB	– *Handelsgesetzbush* (Código comercial alemão, de 10 de Maio de 1897)
LT	– *Lei do Trabalho*
LSQ	– *Lei das Sociedades por Quotas (Lei de 11 de Abril de 1901)*
n.º	– *número*
p.	– *página*
Reimp.	– *Reimpressão*
Rel.	– *Relação*
RG	– *Reichsgericht*
ROHG	– *Reichsoberrhandelsgericht*
Séc.	– *Século*
Ss.	– *Seguintes*
STJ	– *Supremo Tribunal de Justiça de Portugal*
Supl.	– *Suplemento*
TJCM	– *Tribunal Judicial da Cidade de Maputo*
TS	– *Tribunal Supremo*
v.	– *vide*
v.g.	– *verbi gratia (por exemplo)*
Vol.	– *Volume*

INTRODUÇÃO

Delimitação e importância do tema

O ordenamento jurídico moçambicano tem, desde meados da primeira década do ano dois mil, vivido grandes alterações legislativas que, inevitavelmente, trarão profundas alterações à regulação da vida social dos moçambicanos, bem como dos que, não sendo moçambicanos, aqui habitam ou dos que têm aqui interesses comercias. Com efeito, em 2005, foi aprovado o novo Código Comercial, através do Dec.-Lei n.º 2/2005, de 27 de Dezembro, revogando-se, deste modo, o anterior que havia sido aprovado pela Carta de Lei de 28 de Junho de 1888.

A alteração do Código Comercial trouxe, e continuará trazendo, novos desafios, quer a nível do ensino e investigação do Direito Comercial e Societário nas Universidades, quer a nível da sua aplicação pelos Tribunais. Ciente deste facto, o Estado moçambicano criou, através do Dec. n.º 53//2005, de 22 de Dezembro, secções de competência especializada em matéria comercial, nos tribunais judiciais de província.

O presente trabalho é, no fundo, uma resposta (não cabal) a estes desafios. Pretendemos, com o mesmo, analisar a questão relativa à responsabilidade civil dos administradores das sociedades comerciais.

Trata-se de uma questão que, por incidir sobre a administração, órgão de extrema importância na vida societária, tem merecido, pelo menos fora de portas (Portugal, França, Alemanha, Itália e outros países[2]), muita atenção dos estudiosos do Direito.

Como resulta da própria lei, a administração é o órgão que concretiza o objecto social da sociedade, ou seja, incide sobre si a responsabilidade pela gestão da sociedade. Porém, o desempenho desta função (ges-

---

[2] À medida que formos laborando, daremos conhecimento da contribuição destes países nesta temática.

tão da sociedade) é norteada por um conjunto de deveres de natureza legal e contratual. Sucede, porém, que por vezes os administradores violam (de forma culposa ou não) esses deveres, podendo causar danos à sociedade, aos sócios, credores da sociedade ou a terceiros (por exemplo, trabalhadores)[3]. É assim que surge e se fala da responsabilidade dos administradores.

Este chamamento a responsabilização pode ser feito a vários níveis, podendo o agente causador do dano ser responsabilizado na esfera do Direito Civil, Criminal, etc. Porém, não é nosso desiderato tratar de todas as roupagens que a responsabilidade dos administradores pode assumir. Com efeito, importa-nos, sem descurar a importância dos restantes tipos de responsabilidade, curar tão-somente da responsabilidade civil dos titulares daquele órgão societário[4].

Também não é nosso desiderato proceder a uma análise comparativa entre o regime vigente a nível da lei anterior com o actualmente em vigor, nem tão pouco enunciar todas as alterações que se verificaram ao nível do Código Comercial. É sim nosso objectivo proceder a uma análise do direito positivo aplicável à responsabilidade civil dos administradores das sociedades comerciais. Em todo o caso, sempre que se justificar o recurso à lei comercial anterior e já revogada assim faremos.

Método e sequência

Para a materialização do nosso objectivo, recorremos, no essencial, ao método investigativo, privilegiando, em grande medida, mas não exclusivamente, os estudos de Autores portugueses. Era suposto que a nossa análise fosse acompanhada de uma referência à prática jurisprudencial moçambicana aplicável a esta temática. Todavia, a inexistência de decisões judiciais nesta matéria impedirá, de todo, que possamos a ela recorrer. Como forma de mitigar este problema, recorreremos, sempre que se justificar, e com os cuidados necessários, à prática jurisprudencial portuguesa.

---

[3] No fundo, como veremos mais adiante, cabem na categoria de terceiros até mesmo os sócios e os credores da sociedade.

[4] Na verdade, a responsabilidade civil pode coexistir com a responsabilidade criminal.

Para tal, estruturaremos o trabalho em cinco partes.

Na primeira parte, centrar-nos-emos sobre noções gerais relativas à administração da sociedade enquanto um dos seus órgãos obrigatórios. Aqui curaremos também da sua evolução histórica e da natureza jurídica deste órgão.

Posto isto, passaremos a tratar, na segunda parte, dos deveres dos administradores, indicando, por um lado, as suas fontes, e por outro, enumerando os deveres legais imputáveis aos administradores.

Depois, e porque é a violação destes deveres que pode dar lugar a responsabilidade civil dos administradores, passaremos à análise da responsabilidade civil dos administradores, começando por traçar a sua evolução histórica para depois nos concentrarmos na análise dos principais sistemas de responsabilidade civil dos administradores. Aqui tomaremos conhecimento dos sistemas francês e alemão, que, como veremos, consubstanciam estudos muito ricos em termos doutrinários no que diz respeito ao tema *sub judice*. É na parte terceira que abordaremos estas questões.

Nas duas últimas partes do nosso trabalho, mais concretamente, na quarta e quinta partes, abordaremos a questão relativa à responsabilidade civil dos administradores para com a sociedade e para com terceiros. Numa e noutra referir-nos-emos à sua natureza jurídica e aos aspectos de natureza substantiva e processual.

PARTE I

A ADMINISTRAÇÃO
DAS SOCIEDADES COMERCIAIS
NOÇÕES GERAIS

CAPÍTULO I
OS ÓRGÃOS SOCIAIS. A ADMINISTRAÇÃO

1. Os órgãos sociais. Considerações gerais

As sociedades comerciais, pertencendo à ampla categoria das pessoas colectivas[5], carecem de órgãos[6] que definam os seus próprios destinos – assembleia geral –, que exprimam uma vontade que lhes seja juridicamente imputável[7] – a administração –, e que fiscalizem, de um modo geral, as actividades desenvolvidas pela administração – o conselho fiscal. Assim, encontra-se prevista no nosso ordenamento jurídico, mais concretamente no artigo 127 do Código Comercial[8-9], a existência de três órgãos, designadamente, a *assembleia geral*, a *administração* e o *conselho fiscal* ou o *fiscal único*, sendo os dois primeiros de natureza obrigatória, inde-

---

[5] *Pessoas colectivas* "são organizações constituídas por uma colectividade de pessoas ou por uma massa de bens, dirigidos à realização de interesses comuns ou colectivos, às quais a ordem jurídica atribui a personalidade jurídica"; v., entre outros, MOTA PINTO, *Teoria Geral do Direito Civil*, 4ª ed., Lisboa, 2005, p. 270; PEDRO PAIS DE VASCONCELOS, *Teoria Geral do Direito Civil*, 6ª ed., Coimbra, 2010, p 127 e ss.

[6] *Órgãos de uma sociedade* são "as entidades ou núcleos de atribuição de poderes que integram a organização interna da sociedade através dos quais ela forma, manifesta e exerce a sua vontade de pessoa jurídica"; cfr. PUPO CORREIA, *Direito Comercial*, 8ª ed., Lisboa, 2003, p. 596.

[7] O mesmo acontecendo com as associações, fundações, e até mesmo com o próprio Estado e outros entes públicos menores.

[8] Sempre que no texto forem citados artigos sem expressa indicação do diploma a que pertencem, entenda-se que se reportam ao Código Comercial.

[9] O regime jurídico das sociedades comerciais vem previsto no Código Comercial, diferentemente de países como Portugal, cuja doutrina seguimos de perto, em que tal regime está fixado não naquele Código mas sim no Código das Sociedades Comerciais.

pendentemente do tipo societário[10], e o último somente obrigatório quando preenchidos algum dos requisitos constantes do n.º 2 do artigo 127, ou seja, *(i)* quando a sociedade comercial tenha dez ou mais sócios[11], *(ii)* quando emita obrigações[12] ou *(iii)* quando revista a forma de sociedade anónima. A par destes órgãos, podem os sócios, como corolário do princípio da liberdade contratual previsto no artigo 405 do CC, *in casu* aplicável subsidiariamente por força do disposto no artigo 7, criar, no contrato de sociedade, outros com designações próprias[13].

Cada um destes órgãos (referimo-nos somente aos obrigatórios) tem atribuições próprias e distintas, mas que se conjugam na materialização do escopo societário, e, em última análise, na prossecução do lucro dos sócios ou accionistas.

Porém, porque com a nossa dissertação buscamos o sentido e o alcance da *responsabilidade civil dos administradores*, curaremos tão somente, sob pena de nos desviarmos injustificadamente do nosso objecto

---

[10] O actual Código Comercial, muito novo ainda, aprovado em 2005, prevê a existência de cinco tipos societários, a saber: *Sociedades em nome colectivo* (artigos 253 a 269), *de capital e indústria* (artigos 270 a 277), *em comandita* (artigos 278 a 282), *por quotas* (artigos 283 a 330) e *anónimas* (artigos 331 a 457). O regime anterior, resultante do Código Comercial de 1888 (Código Comercial de VEIGA BEIRÃO) e da Lei de 11 de Abril de 1901 – Lei das Sociedades por Quotas –, não previa a existência das sociedades de capital e indústria.

[11] Relativamente ao número de sócios, o Código Comercial dispõe que as *sociedades por quotas* não podem ter mais de trinta sócios (n.º 1 do artigo 288), sendo considerado como um único sócio os contitulares de uma quota. Quanto às *sociedades anónimas*, a lei fixa em três o número mínimo de accionistas, podendo, excepcionalmente, ser constituída por um único accionista nos casos em que Estado, directamente ou por intermédio de empresas públicas, empresas estatais ou de outras entidades equiparadas por lei para esse efeito, fique como accionista (artigo 332). Quanto às *sociedades em nome colectivo*, a lei fixa o número mínimo de sócios em dois (n.º 1 do artigo 254), o mesmo se aplicando às sociedades em comandita, por força da remissão contida no artigo 273. No que diz respeito às *sociedades de capital e indústria*, há que recorrer à disposição geral contida no n.º 1 do artigo 91, que fixa igualmente em dois o número mínimo de sócios para a constituição da generalidade das sociedades.

[12] Cfr. artigos 386 e ss.

[13] "Além deles (subentenda-se, órgãos obrigatórios) podem ainda ser previstos outros nos estatutos, designadamente, representativos de certos grupos de sócios, órgãos consultivos ou outros que a autonomia privada permite criar"; cfr. PEDRO PAIS DE VASCONCELOS, *Teoria Geral*, cit., p 167.

de estudo, da *administração*, cujo regime geral[14] vem previsto nos artigos 149 e ss. Na medida em que se justificar, e limitando-nos ao estritamente necessário para a compreensão dos alicerces da administração enquanto órgão, faremos algumas referências aos outros órgãos societários.

2. A Administração. Noção e sua estrutura

I. A palavra *administração* pode ser usada fundamentalmente em dois sentidos. Podemos falar de administração enquanto uma *actividade* – conjunto de actos –, ou enquanto *órgão* de uma pessoa colectiva responsável pela prática daqueles actos[15]. É este último, o sentido que mais nos interessa para a nossa abordagem.

Assim, pode-se dizer que a administração é o *órgão de gestão* (procede à escolha, à organização e à direcção dos elementos pessoais e dos meios materiais necessários ao funcionamento da sociedade[16]) e de *representação* (exterioriza a vontade da sociedade na sua relação com terceiros[17], adquirindo direitos e assumindo obrigações perante estes[18]) da sociedade, que exterioriza perante terceiros uma vontade que juridicamente lhe seja imputável[19]. É, aliás, o que dispõe o n.º 1 do artigo 151.

---

[14] Como mais adiante veremos, este regime geral peca por defeito, pois muito mais poderia ter sido legislado a este respeito.

[15] V., entre outros, BRITO CORREIA, *Os Administradores de Sociedades Anónimas*, Coimbra, 1993, p. 50. Este autor refere ainda a possibilidade de utilização da palavra administração para nos referirmos a *"um serviço de uma organização (v.g., um serviço administrativo)"*, ou *"a um conjunto de pessoas, titulares desse órgão (v.g., os administradores de uma sociedade) ou desse serviço, ou, mais restritamente, como aquele(s) titular(es) do órgão cuja intervenção é necessária e suficiente para vincular a pessoa colectiva."* p. 51.

[16] FERRER CORREIA, *Lições de Direito Comercial*, Coimbra, 1994, p. 390.

[17] FERRER CORREIA, Lições, cit., p. 390.

[18] Por terceiros, como mais adiante veremos, tomaremos todos aqueles que escapam à relação sociedade (pessoa colectiva) – administração, incluindo os próprios sócios, cuja personalidade jurídica se distingue da personalidade jurídica da sociedade.

[19] Cfr., entre outros, RAUL VENTURA, BRITO CORREIA, *Responsabilidade Civil dos Administradores de Sociedades Anónimas e dos Gerentes de Sociedades por Quotas*, BMJ 192, 1970, p. 29; LUIS BRITO CORREIA, *Os Administradores*, cit., p. 50 e ss; MENEZES CORDEIRO, *Da Responsabilidade Civil dos Administradores das Sociedades Comerciais*, Lisboa, 1997, p. 17.

É sobre a administração que recai a responsabilidade da prossecução do escopo societário estatutariamente definido por forma a conferir, como fim último, rentabilidade à sociedade. Cabe-lhe, nesta tarefa, a prática quer de actos de administração quer de actos de disposição[20]. Na verdade, para a prossecução do escopo da sociedade, os administradores são muitas vezes confrontados com a necessidade inadiável de praticar actos de disposição, exceptuando, claro, aqueles que por imposição legal ou estatuária, estejam reservados à assembleia geral ou ao conselho fiscal ou fiscal único. Na verdade, a interdição da prática de actos de disposição por parte dos administradores representaria, por certo, um grande obstáculo para a prossecução do objecto social.

II. Embora não o tenhamos feito expressamente, o certo é que implicitamente já deixámos ficar registado que é como *administradores*[21] que os titulares da administração são tratados.

Dependendo do número de administradores que exercem a gestão e a representação da sociedade, podemos ter uma administração assegurada por um *só administrador* (administração singular) ou por dois ou mais administradores (*administração plural*)[22]. Para o caso das sociedades

---

[20] Cfr. BRITO CORREIA, Os *Administradores*, cit., 62. Sobre a distinção entre actos de administração e actos de disposição vejam-se, entre outros, MANUEL DE ANDRADE, *Teoria Geral da Relação Jurídica*, Vol. II, Coimbra, 1998, p. 58 e ss, MOTA PINTO, *Teoria Geral*, cit., p. 406 e ss; MENEZES CORDEIRO, *Tratado de Direito Civil Português*, I Parte Geral, Tomo I, 3ª ed., 2005, Lisboa, p. 475 e ss; PEDRO PAIS DE VASCONCELOS, *Teoria Geral do Direito Civil*, 6ª ed., Lisboa, 2010, p. 450-452.

[21] V. exemplificativamente os artigos 149, 267, 280, 320 e 418. A Lei de 11 de Abril de 1901 – LSQ – designava o órgão responsável pela gestão e representação da sociedade por gerência e os seus titulares eram designados gerentes.

[22] Cfr. RAUL VENTURA, BRITO CORREIA; *Responsabilidade Civil*, BMJ 192, cit., p. 30 e ss. Estes autores laboram mais ainda, distinguindo, no âmbito da administração plural, uma *administração simultânea* (caracterizada pela simultaneidade dos deveres dos vários administradores) ou *sucessiva* (quando cada administrador ou grupo de administradores só pode actuar na falta ou impedimento de outro administrador ou grupo de administradores), decompondo-se aquela primeira modalidade em várias sub-modalidades, a saber: *disjunta ou separada* (quando cada administrador possua poderes para actuar sozinho, tendo poderes iguais e independentes, salvo na medida em que um direito de oposição possa funcionar); *conjunta ou colectiva* ("aquela em que os administradores devem actuar em um ou mais grupos, independentemente de deliberação em conselho"); *colegial* ("quando os administradores actuam em grupo, mediante deliberação tomada em conselho, podendo variar o *quorum* formativo ou deliberativo exigido" – tal como assinala, e

anónimas cujo capital exceda quinhentos mil meticais²³⁻²⁴, a lei impõe que a administração seja efectuada por um órgão colegial, tal como resulta da conjugação do n.º 1 do artigo 418 e do artigo 419. Nos restantes casos

---

bem, este autor, este representa o modo clássico de funcionamento do conselho de administração); *composta* ("quando os administradores actuam em dois 'ou mais' grupos distintos, podendo cada administrador pertencer só a um desses grupos, cada um dos quais tem poderes diferentes do outro, podendo eventualmente um deles ter supremacia sobre os outros em todas ou em algumas matérias da competência deste); *complexa* (quando os administradores, ao actuarem – disjunta ou colectivamente –, devem obediência às decisões ou deliberações anteriores de certo administrador ou conjunto de administradores (dominantes) ou do colégio dos administradores – podendo os administradores actuantes integrar-se também no grupo dominante); e *mista* (aquela em que os administradores actuam por uma ou outra das formas anteriores conforme o objecto ou as circunstância do acto).

²³ Grande parte das *instituições de crédito* e *sociedades financeiras* devem, por força do nº 1 do artigo 61 da Lei nº 15/99, de 1 de Novembro (que regula o estabelecimento e o exercício da actividade das instituições de crédito e das sociedades financeiras), conjugado com o Aviso do BM nº 4/GGBM/2005, de 20 de Maio (fixa os capitais mínimos para as instituições de crédito, sociedades financeiras e operadores de microfinanças), ter um capital social mínimo superior a quinhentos mil meticais. Entre elas contam-se, de acordo com o art. 1º daquele Aviso, bancos, sociedades de locação financeira, sociedades de investimento, sociedades de capital de risco, sociedades de *factoring*, sociedades gestoras de fundos de investimento, sociedades financeiras de corretagem, sociedades correctoras, sociedades gestoras de patrimónios, sociedades administradoras de compras em grupo, casas de câmbio, caixa geral de poupança e crédito, caixa económica, caixa de poupança postal, caixa financeira rural, instituições de moeda electrónica, sociedades emitentes ou gestoras de cartões de crédito e casas de desconto.

²⁴ A Lei n.º 7/2005, de 20 de Dezembro, que cria a taxa de conversão do metical (então) em circulação para o metical da nova família, fixou em 1000 unidades a taxa de conversão do metical da antiga família para o da nova família (art. 3 do diploma legal supracitado), obtendo-se este valor dividindo o valor do metical em circulação por 1000 unidades. Não podemos, no entanto, quando analisadas esta Lei e o Código Comercial como fazendo parte do mesmo sistema, deixar de tecer algumas críticas.

Primeira: O Código Comercial e a Lei que aprovou a nova família do metical foram aprovados no ano de 2005, tendo a primeira, no âmbito de uma autorização legislativa (Lei nº 10/2005, de 23 de Dezembro) sido aprovada pelo Conselho de Ministros no dia 27 de Dezembro (através do Dec.-Lei nº 2/2005, de 27 de Dezembro), e a segunda aprovada pela Assembleia da República no dia 24 de Novembro (mais ou menos um mês antes da outra). Como se constata, a proximidade temporal é por demais evidente. Julgamos que se estes dois órgãos do Estado tivessem actuado em coordenação não haveria necessidade de procedermos hoje a uma interpretação actualista das disposições do Código Comercial nas quais a moeda vêm expressa no metical da antiga família, o que, certamente, facilitaria o exercício hermenêutico.

os sócios têm a liberdade de fixar um regime contrário, determinando a existência de um só administrador.

Como decorre do artigo 149, somente podem ser administradores *pessoas singulares* ou *pessoas colectivas*[25], sendo certo que, no último

Segunda: Muito recentemente, foi aprovado o Dec.-Lei n.º 2/2009, de 24 de Abril, que altera alguns artigos do Código Comercial. Nesta Lei, lê-se, no seu preâmbulo, que um dos motivos determinantes da sua aprovação foi a necessidade de melhorar o Código Comercial de 2005, por forma a *"... corrigir imprecisões..."*. Ora, julgamos que o Dec.--Lei n.º 2/2009, de 24 de Abril, poderia muito bem proceder a alteração das disposições do Código Comercial nas quais se faz referência ao metical da antiga família, facilitando, igualmente, a interpretação da lei, principalmente para aqueles que sendo residentes em país estrangeiro, pretendam aqui investir.

[25] Numa altura em que em Portugal ainda se discutia a admissibilidade da nomeação de pessoas colectivas para o cargo de administradores, e, portanto, existia um vazio legal, escreveu PAULO DE PITTA E CUNHA, in *As pessoas colectivas como administradores de sociedades,* http://www.oa.pt/upl/%7Beff93eaa-0460-42d1-aa36-7e381ba04227%7D.pdf, consultado em 3 de Janeiro de 2011, o seguinte:

"1. O art. 171º do Código Comercial, limitando-se a dispor que a administração das sociedades é confiada a uma direcção, eleita pela assembleia geral, não esclarecia se os administradores teriam de ser pessoas singulares ou poderiam também ser pessoas colectivas.

Embora a questão nunca tivesse sido apreciada em profundidade pela nossa doutrina, esta não deixava de reflectir as dúvidas e hesitações em torno da possibilidade de eleição de pessoas colectivas para o desempenho de cargos em conselhos de administração de sociedades anónimas.

Dizia-se, em sentido favorável àquela possibilidade, que, de harmonia com o direito comum, as pessoas colectivas têm, em princípio, os direitos e capacidade de exercício de direitos que cabem às pessoas singulares. Mas não faltavam também os argumentos da posição contrária, umas vezes estribados no carácter *pessoal* das funções de administrador, outras vezes baseando-se na inadequação das pessoas morais para serem órgãos de outros entes da mesma natureza, atenta a circunstância de a sua vontade só poder materializar-se através de pessoas físicas.

A despeito das incertezas quanto à possibilidade de eleição de pessoas colectivas para ocupar o cargo de administrador de sociedades anónimas, constituía esta eleição prática corrente entre nós.

2. A questão, aliás, veio a ser solucionada, no sentido da consagração legal da solução observada na prática, pela publicação, em 1970, de um diploma que, embora dirigido ao conselho fiscal, não pode deixar de considerar-se como aplicável por analogia ao conselho de administração, já que as funções de membro deste último órgão não são de carácter menos pessoal do que as de membro do conselho fiscal.

Trata-se do Decreto-Lei nº 648/70, de 28 de Dezembro, o qual veio aditar novos números ao artigo 3º do Decreto-Lei nº 49 381, de 15 de Novembro de 1969, relativo a fiscalização das sociedades anónimas."

caso, estas devem nomear uma pessoa singular para exercer o cargo em sua representação.

Porém, dada a importância e complexidade das funções inerentes à administração da sociedade, e por forma a salvaguardar os vários interesses que giram em torno da sociedade, a lei fixa determinados requisitos, que se devem reunir na pessoa do administrador, sendo um de carácter geral – exigível a todos os tipos societários – e outro de carácter especial – *in casu*, aplicável somente às sociedades anónimas. Analisemo-los:

III. Quanto ao *requisito geral*, exige o n.º 1 do artigo 149 que os administradores tenham *plena capacidade jurídica*. Quer isto dizer que, regra geral, só pode ser administrador aquele que tiver mais de vinte e um anos de idade – idade com que se adquire a maioridade (artigo 130 do CC)[26] e não tenha sido declarado interdito (artigo 138 do CC)[27] ou inabilitado (artigo 152 do CC)[28] – isto porque a declaração de interdição ou de inabilitação torna um maior incapaz, impossibilitando-o de agir pessoalmente (no caso de interdição) ou, podendo agir pessoalmente, não livremente (inabilitação) –, ou ainda que tenha sido declarado plenamente emancipado (artigo 133 do CC)[29]. Julgamos que o menor, emancipado

---

[26] Sobre a maioridade, v., entre outros, MOTA PINTO, *Teoria Geral*, cit., p. 229; CARVALHO FERNANDES, *Teoria Geral*, cit., p. 253 e ss; MENEZES CORDEIRO, *Tratado, I Parte Geral*, Tomo III, Lisboa, p. 406 e ss; PEDRO PAIS DE VASCONCELOS, *Teoria Geral*, cit., p. 111 e ss. Assinale-se, no entanto, que em Portugal, país de nacionalidade destes Autores, a maioridade adquire-se aos dezoito anos de idade.

[27] Sobre a interdição v., entre outros, MOTA PINTO, *Teoria Geral*, cit., p. 241 e ss; CARVALHO FERNANDES, *Teoria Geral*, Vol. I, cit., p. 326 e ss; MENEZES CORDEIRO, *Tratado*, cit., p. 418 e ss; PEDRO PAIS DE VASCONCELOS, *Teoria Geral*, cit., p. 119 e ss.

[28] Sobre a inabilitação, v., entre outros, MOTA PINTO, *Teoria Geral*, cit., p. 241 e ss; CARVALHO FERNANDES, *Teoria Geral*, cit., p. 342 e ss; MENEZES CORDEIRO, *Tratado*, cit., p. 425 e ss; PEDRO PAIS DE VASCONCELOS, *Teoria Geral*, cit., p. 119 e ss.

[29] Sobre a emancipação, v., MENEZES CORDEIRO, *Tratado*, cit. p. 406 e ss; MOTA PINTO, *Teoria Geral*, cit., p. 229; CARVALHO FERNANDES, *Teoria Geral*, vol. I, cit., p. 254 e ss. As edições das obras citadas foram publicadas depois da alteração ao Código Civil Português ocorrida em 1977, razão pela qual nelas se reflecte a redução da importância que este instituto assistiu. Isto porque, com a redução da maioridade de vinte e um anos de idade para dezoito anos de idade, retirou-se, concomitantemente, grande parte do sentido útil a este instituto, de que os menores só podiam beneficiar a partir dos 18 anos. Em Portugal, mantém-se ainda em vigor a emancipação resultante do casamento, pois a idade núbil

plenamente, também pode ocupar a posição de administrador porque, nos termos do artigo 133 do CC, dispõe de plena capacidade de exercício de direitos sendo, por isso, equiparado a maior.

Nos termos em que aquele preceito legal – artigo 149, n.º 1 – se encontra, julgamos que nada obsta a que, pelo menos teoricamente, a administração seja entregue a um demente com ou sem intervalos lúcidos (mesmo neste plano, parece-nos, em termos de plausibilidade, ter maior interesse a situação dos dementes com intervalos lúcidos), pois estes, embora tenham uma incapacidade natural de discernimento, o certo é que, enquanto não forem declarados judicialmente[30] incapazes – como interditos ou inabilitados – continuam sendo havidos como capazes[31].

Não nos parece, contudo, uma solução saudável. Aliás, a complexidade da actividade inerente à administração parece obviar a esta conclusão.

Deste modo, julgamos que aquele preceito deveria, a par da exigência da "plena capacidade jurídica", determinar que a demência, com ou sem intervalos lúcidos, representa um impedimento para ser administrador.

Há, porém, um problema que pode ser colocado em relação às sociedades em nome colectivo, em comandita e de capital e indústria.

Comecemos pelas bases que nos conduzirão ao problema: o n.º 1 do artigo 267 estipula, supletivamente, que, nas sociedades em nome colectivo, todos os sócios são administradores. Mais adiante, o n.º 1 do artigo 275, relativamente às sociedades em comandita, determina, também supletivamente, que "todos os sócios comanditados são administradores, quer tenham constituído a sociedade, quer tenham adquirido essa qualidade ulteriormente". E, por fim, quanto às sociedades de capital e indústria, o n.º 1 do artigo 280 estabelece que "a administração pertence a um ou mais sócios capitalistas". Não nos interessa, para o efeito pretendido, o regime das sociedades por quotas e anónimas, pois nestas cabe aos sócios ou accionistas designarem os seus administradores, podendo os mesmos pertencerem ou não a sociedade. Ora, qual é efectivamente o problema?

---

está fixada em 16 anos (artigo 1601 do CC Português, com as alterações introduzidas pelo Dec.-Lei n.º 496/77, de 25 de Novembro).

[30] A declaração judicial é imposta pelo artigo 138 do CC quanto à interdição, disposição igualmente aplicável, *mutatis mutandi,* à inabilitação, por força do que disposto no artigo 156 do CC.

[31] Talvez tenha sido por este motivo que o mesmo legislador, ao fixar os impedimentos matrimoniais, se tenha referido não só aos interditos e inabilitados por anomalia psíquica como também aos notoriamente dementes, ainda que com intervalos lúcidos.

Tal como resulta dos preceitos analisados relativamente às sociedades em nome colectivo, em comandita e de capital e indústria, a lei determina que a qualidade de sócio confere, por inerência, a de administrador. Ora, a questão que se coloca é: *e se o sócio for um incapaz (menor, interdito ou inabilitado)? Será que teremos aqui um caso de administrador que não tenha plena capacidade jurídica?* Ora, não nos parece que tenha sido esta a intenção do legislador.

A aplicação subsidiária do Código Civil conduzir-nos-ia à seguinte solução: Primeiro, tal como resulta da lei, todos os sócios nas sociedades em nome colectivo, os sócios comanditados nas sociedades em comandita e os sócios de capital nas sociedades de capital e indústria, mesmo sendo incapazes, seriam havidos como administradores. Depois, na medida em que eles estariam legalmente impedidos de praticar os actos pessoal e/ou livremente, a sua incapacidade seria suprida pelo poder parental[32], tutela ou por via da administração de bens, para o caso dos menores – artigo 124 do CC –, pela tutela, para o caso dos interditos – artigo 370 da Lei n.º 10/2004, de 25 de Agosto[33] –, ou curatela, para o caso dos inabilitados – artigo 153 do CC. Caberia, nestes casos, aos representantes legais efectuarem a gestão e a representação da sociedade em nome e no interesse do sócio-administrador, no caso da menoridade e interdição ou, ao curador assistir o sócio-administrador, no caso da inabilitação. Não nos parece que tenha sido esta a intenção do legislador.

É nosso entender que os administradores devem exercer as suas funções pessoalmente, sem prejuízo, é claro, de, conjuntamente, poderem dispor da colaboração de gerentes, procuradores e auxiliares.

IV. Já no que diz respeito ao *requisito especial* somente exigível às sociedades anónimas, a lei fixa, no artigo 421, certos impedimentos determinativos da inelegibilidade ao cargo de administrador. Dispõe este preceito legal que *"são inelegíveis para qualquer cargo de administração da sociedade as pessoas impedidas por lei especial, inclusive as que regulam o mercado de capitais a cargo do Banco Central, ou condenadas por*

---

[32] Com a aprovação da Lei n.º 10/2004, de 25 de Agosto, que aprovou a Lei da Família e revogou o Livro IV do Código Civil, foi abandonada a designação *poder paternal*, a favor da designação *poder parental*. Nestes termos, devemos fazer uma interpretação correctiva de todas as disposições que designavam aquele poder como paternal.

[33] Aprova a Lei da Família e revoga o Livro IV do Código Civil.

crime falimentar, de prevaricação, suborno, concussão, peculato, contra a economia e os direitos do consumidor, a fé publica, a propriedade e o meio ambiente ou ainda a pena criminal que vede, mesmo temporariamente, o acesso a cargos públicos".

É notória a intenção de afastar da administração certo grupo de pessoas. Porém, não podemos deixar de concluir que estamos aqui em presença de uma inconstitucionalidade. Isto porque o n.º 3 do artigo 61 da CRM preconiza que *"nenhuma pena implica a perda de quaisquer direitos civis, profissionais ou políticos, nem priva o condenado dos seus direitos fundamentais, salva as limitações inerentes ao sentido da condenação e às exigências especificas da respectiva execução"*. Ora, os impedimentos a que o artigo 421 se refere não se subsumem às excepções previstas naquela disposição constitucional. Assim sendo, não podemos deixar de concluir pela inconstitucionalidade parcial do artigo 421, mais especificamente da parte que determina a inelegibilidade ao cargo de administrador pelo facto de a pessoa ter sido condenada a uma pena de prisão pelos crimes aí previstos. É esta a solução legal que resulta do n.º 4 do artigo 2 da CRM, que determina a prevalência das normas constitucionais sobre as demais (ordinárias). Até porque, sempre se diria que o facto de a pessoa ter cumprido a pena de prisão a que tenha sido condenada representaria a sua ressocialização (fim especial da pena), para além dos fins retributivo e de prevenção geral que a mesma prossegue[34].

V. Com efeito, dada a complexidade desta tarefa – gestão e representação da sociedade – dá-se aos administradores a faculdade de nomearem outras pessoas – gerentes[35], procuradores e auxiliares – para, fazendo o uso dos poderes que lhe sejam conferidos, actuarem na gestão e/ou representação da sociedade.

A este respeito, estabelece o n.º 2 do artigo 151 que *"independentemente da autorização expressa nos estatutos, a sociedade pode, mediante autorização da assembleia geral ou do conselho de administração, caso exista, propor gerentes para o desempenho de algum ramo de negócio que se integre no seu objecto ou nomear auxiliares para a representar em*

---

[34] Sobre os fins das penas, v., entre outros, EDUARDO CORREIA, *Direito Criminal*, Vol. I, reimp, 2001, p. 39 e ss.

[35] Sobre a distinção entre administração e gerência, v., exemplificativamente, BRITO CORREIA; *Os Administradores*, cit. p. 64-65.

determinados actos ou contratos ou, por instrumento notarial, constituir procuradores para a prática de determinados actos ou categoria de actos". Tal como mais adiante analisaremos, este poder tem como consequência principal, no que diz respeito à responsabilidade civil, a remissão do regime a estes aplicável, nesta matéria, para o regime previsto para os administradores, tal como preceitua o n.º 1 do artigo 166.

No entanto, ainda no que respeita ao preceituado no n.º 2 do artigo 151, julgamos que algumas considerações devem ser feitas. Com efeito, esta disposição legal abre espaço para um problema, que é o de saber se o poder conferido à assembleia geral para designar gerentes, procuradores e auxiliares, não representa uma ingerência deste órgão nos poderes próprios da administração.

É que se é certo que a gestão dos administradores interessa aos sócios, na medida em que estes têm um interesse directo que em última análise se reconduz à obtenção da sua quota-parte nos lucros, também não é menos certo que o desempenho das actividades de gestão e representação da sociedade exige, entre outros aspectos, conhecimentos técnicos da parte daquele que o efectua.

É nossa opinião que, em princípio, estará em melhores condições de designar outras pessoas para, em maior ou menor medida, *"auxiliarem"* a administração na prestação da sua actividade, aquele que tiver um melhor conhecimento técnico sobre a gestão, conhecimento este que encontraremos (principalmente) nos administradores. É que os membros da assembleia geral (sócios ou accionistas) podem não dispor daqueles conhecimentos, o que muitas vezes se verificará nos casos em que o sócio não é igualmente administrador ou nos casos de sociedades anónimas em que os accionistas tendem a estar mais distantes da administração, mais se importando com a recolha dos seus dividendos no final de cada exercício económico[36]. E, mais do que isso, o mérito ou o demérito da gestão da sociedade está, em última análise, dependente do trabalho da administração. Ora, dada a prematuridade dos elementos até aqui tratados, mais adiante retomaremos esta questão para que possamos analisar em que medida poderão os gerentes, procuradores ou auxiliares ser responsabilizados pelos actos que, entretanto, possam praticar no exercício das suas funções.

---

[36] Acerca deste afastamento dos accionistas v., entre outros, BRITO CORREIA; *Os Administradores*, cit., p. 50.

3. Composição da administração

I. Tal como dissemos anteriormente, a administração das sociedades comerciais pode ser efectuada por um órgão singular (um só administrador) ou por dois ou mais administradores (órgão colegial). Analisemos, pois, de seguida, em que medida a nossa lei admite tais modelos nos tipos societários existentes no nosso Código Comercial.

II. Comecemos pelas sociedades por quotas. Neste tipo societário, além dos próprios sócios, podem ainda ser administradores pessoas estranhas à sociedade, tal como resulta do artigo 320. Em relação a estas sociedades, ainda de acordo com o preceito já citado, a lei determina que elas podem ser administradas por *um só administrador* ou por *vários administradores*.

Com efeito, pela remissão constante do n.º 1 do artigo 328, às *sociedades por quotas com um único sócio*, aplicam-se, com as necessárias adaptações, tudo quanto acabamos de dizer quanto às sociedades por quotas.

III. No tocante às sociedades anónimas, estabelece o artigo 418 que elas são administradas por um *conselho de administração* (órgão colegial), composto por um número ímpar de membros, que podem ou não ser seus accionistas. No entanto, a lei dá, no artigo 419, desde que o capital social não exceda quinhentos mil meticais[37], a liberdade de, através do contrato de sociedade, poder-se convencionar que a sociedade tenha *um só administrador* que pode ser um accionista ou um terceiro. Neste caso, caberá, portanto, à sociedade, dentro do princípio da autonomia da vontade[38], optar por ter um só administrador, afastando-se, deste modo, a disposição supletiva do artigo 418[39].

---

[37] Aquela disposição refere-se a quinhentos milhões de meticais da antiga família que, de acordo com a Lei nº 7/2005, de 20 de Dezembro, que cria a taxa de conversão do metical em circulação para o metical da nova família, equivalem actualmente a quinhentos mil meticais.

[38] O princípio da *liberdade contratual* vem previsto no artigo 405 do CC, nos termos do qual, dentro dos limites da lei, as pessoas têm a *liberdade de celebração* de contratos e *de estipulação* das normas que lhes aprouver.

[39] À cautela, sublinhamos que aquela faculdade não existirá se o capital social da sociedade exceder quinhentos mil meticais.

Não podemos deixar de criticar a opção seguida pelo legislador, nos termos da qual se impõe que o conselho de administração deste tipo societário seja constituído por um número impar de membros, pois entendemos que nada obsta a que o referido órgão seja constituído por um número par, desde que ao respectivo presidente (quer se trate de uma composição *par* ou *ímpar*) seja facultado um voto de qualidade, voto esse de que faria uso em casos de empate na votação de uma eventual deliberação[40].

IV. Quanto às *sociedades em nome colectivo,* estipula o n.º 1 do artigo 267 que *todos os sócios são administradores,* salvo estipulação estatutária em contrário. Trata-se de uma norma supletiva, sendo os sócios livres de, no âmbito da liberdade contratual, excluírem um ou mais sócios do cargo de administrador.

Podem ainda ser administradores, nos termos do n.º 2 do artigo 267, pessoas que não ostentem a qualidade de sócio, desde que tal designação resulte de deliberação unânime dos sócios. Bem se compreende esta faculdade, pois a administração da sociedade pode exigir do administrador certos conhecimentos técnicos, de que os sócios podem não dispor.

V. Relativamente às sociedades em comandita, o n.º 1 do artigo 275 estabelece que *todos os sócios comanditados são administradores,* salvo disposição estatutária em contrário. Mais uma vez, os sócios, no âmbito do exercício da sua soberania do querer, podem afastar esta norma de carácter supletivo.

Todavia, podem ainda ser eleitos administradores os *sócios comanditários* ou *pessoas estranhas à sociedade,* desde que tal resulte de deliberação unânime dos sócios comanditados e de dois terços dos sócios comanditários, nos termos previstos no n.º 2 do artigo 275. Como se constata, os sócios tem a liberdade de determinar a existência de um só administrador, mas, caso não manifestem esta vontade, a sociedade será sempre administrada por um órgão colegial.

VI. Finalmente, *nas sociedades de capital e indústria,* a administração pode estar a cargo de um ou mais sócios capitalistas[41] (n.º 1 do

---

[40] Neste sentido evoluiu o ordenamento jurídico português – artigo 395 do CSC.

[41] *Sócios capitalistas* são aqueles que contribuem para a formação do capital social com dinheiro, créditos ou outros bens materiais e que limitam a sua responsabilidade ao valor da contribuição que subscreveram para o capital; v. *al. a)* do n.º 1 do artigo 278.

artigo 280). No entanto, os sócios de indústria[42] também podem ser administradores, desde que para tal prestem caução previamente fixada no contrato de sociedade, tal como previsto no n.º 2 do artigo 280. Trata-se, com efeito, de uma garantia prestada a favor da sociedade, em geral, e dos sócios capitalistas, em especial.

---

[42] *Sócios de indústria* são aqueles que não contribuem para o mesmo capital, mas apenas ingressam na sociedade com o seu trabalho, estando isentos de qualquer responsabilidade pelas dívidas sociais; v. *al. b)* do n.º 1 do artigo 278.

CAPÍTULO II
EVOLUÇÃO HISTÓRICA

4. Considerações gerais

Desde que Moçambique se formou como Estado – 25 de Junho de 1975 – a esta parte, podemos falar, em termos evolutivos, de dois períodos. O *primeiro,* que parte da independência nacional até 2005, e o *segundo,* desde 2005 até aos nossos dias. Interessa-nos, dado o objecto da nossa dissertação, olhar para o processo evolutivo, privilegiando as matérias relacionadas com a administração.

Não consideraremos o período anterior à independência pois, naquela altura, Moçambique era ainda uma província ultramarina portuguesa. Deste modo, caso enveredássemos por esta via – abordagem histórica do período anterior à independência – correríamos o risco de confundirmos a nossa história nacional com a portuguesa[43].

5. 1.º Período: de 1975 a 2005 (Regime anterior)

I. Este período, tal como dissemos anteriormente, nasce com a independência nacional, ocorrida em 25 de Junho de 1975. A então Constituição da República Popular de Moçambique de 1975, a primeira do Estado

---

[43] Brito Correia refere-se, desenvolvidamente, à evolução presenciada em Portugal nesta temática. Trata-se, sucessivamente, dos seguintes períodos: Do século XVIII a 1833; o Código Comercial de 1833; a Lei de 22.06.1867; o Código Comercial de 1888, a Lei da Fiscalização das sociedades anónimas (DL n.º 49 391, de 5.11.1969); o Decreto-Lei n.º 729/74, de 20/12; o Decreto-Lei n.º 389/77, de 15/09; o artigo 30 da Lei sobre as Comissões de trabalhadores (Lei n.º 46/79, de 12/09); administradores por parte do Estado; o Código das Sociedades Comerciais; o Decreto-Lei n.º 68/87, de 9/02, e, por fim, as privatizações. V. *Os Administradores*, cit., p. 77 e ss.

moçambicano, manteve em vigor toda a legislação anterior (portuguesa) que a não contrariasse[44].

Assim, mantiveram-se em vigor o *(i)* Código Comercial de 1888 (também conhecido por Código de VEIGA BEIRÃO)[45], *(ii)* a Lei de 11 de Abril de 1901 (LSQ), e *(iii)* o Dec.-Lei n.º 49 381, de 15 de Novembro de 1969[46] (promulga o regime jurídico de fiscalização das sociedades anónimas), todos eles aprovados em Portugal no período da colonização.

II. O C. Com. de 1888 apresenta quatro Livros, designadamente, *"Do comércio em geral"* (Livro I), *"dos contratos especiais de comércio"* (Livro II), *"Do comércio marítimo"* (Livro III) e, "Das falências".

A matéria relativa à administração das sociedades comerciais encontra-se regulada no Livro II. Encontram-se, neste Código, as sociedades em nome colectivo (arts. 151.º e ss), as sociedades anónimas (arts. 162.º e ss) e as sociedades em comandita (arts. 199.º e ss).

Não se previa aqui a existência das sociedades por quotas: é o que resulta do artigo 105 do Código Comercial de 1888[47], no qual se procede a uma enumeração taxativa das espécies de sociedades (a que no parágrafo anterior nos referimos).

A administração era assegurada por *administradores* em relação às sociedades em nome colectivo (arttigos 124 e ss do C. Com. de 1888), por

---

[44] Dispunha o artigo 71 da CRPM que *"toda a legislação anterior no que for contrário à Constituição fica automaticamente revogada. A legislação anterior no que não for contrário à Constituição mantém-se em vigor até que seja modificada ou revogada."* Tinha esta disposição manifestamente em vista – não só no domínio do Direito das Sociedades, como é lógico – evitar que se criasse um vazio legal.

[45] FRANCISCO ANTÓNIO DA VEIGA BEIRÃO, então Ministro dos Negócios Eclesiásticos e da Justiça, foi o responsável pela elaboração do Projecto do Código de 1888, com base nos elementos ou projectos parciais fornecidos pela Associação dos Advogados de Lisboa e por Hintze Ribeiro, Teixeira de Queiroz, José Pereira, Eduardo de Serpa Pimentel, Henrique Midosi, Vicente Monteiro, Tavares de Medeiros e Alfredo Artur de Carvalho. V. FERNANDO OLAVO, *Direito Comercial*, Vol. I, 2ª ed., Lisboa, 1970

[46] Este Dec.-Lei foi posto em vigor nas províncias ultramarinas pela Portaria n.º 352/70, de 13 de Julho. Com efeito, este Dec.-Lei sofreu uma alteração introduzida pelo Dec.-lei n.º 648/70, de 28 de Dezembro, tendo sido tornada extensiva às províncias ultramarinas através da Portaria n.º 9/71, de 5 de Janeiro.

[47] Dispunha o corpo desta disposição legal que *"as sociedades comerciais serão de uma das espécies seguintes: sociedade em nome colectivo; sociedade anónima, sociedade em comandita"*.

gerentes, em relação às sociedades em comandita (artigos 202 e ss do C. Com. de 1888) e por *directores,* em relação às sociedades anónimas (artigo 171 e ss do C. Com. de 1888).

III. As sociedades por quotas foram criadas com a Lei de 11 de Abril de 1901 (LSQ)[48], sendo a administração, de acordo com os artigos 26 e ss daquela Lei, exercida por *gerentes.*

Anos mais tarde, o regime das sociedades anónimas sofreu uma alteração com a aprovação do Dec.-Lei n.º 49 381, de 15 de Novembro de 1969, alteração essa que visava aperfeiçoar o regime de fiscalização das sociedades anónimas. Tal como resulta do preâmbulo do referido diploma legal, este instrumento legal representava uma medida provisória, pois já se encontravam em curso estudos tendentes à reforma do Código Comercial então em vigor[49]. O certo é que a reforma deste Código, que muito ficou a dever-se à aprovação, em 1986, do Código das Sociedades Comerciais de Portugal (Dec.-Lei n.º 262/86, de 2 de Setembro) não foi acolhida entre nós, pois nessa altura Moçambique era já um Estado independente.

---

[48] V., para mais desenvolvimentos, ABÍLIO NETO, *Sociedades por Quotas – Nota e Comentários,* Lisboa, 1977.

[49] Lê-se no preâmbulo:

"Embora se encontrem adiantados alguns dos estudos tendentes à reforma do Código Comercial e da sua legislação complementar, não parece que seja possível concluí-los em prazo muito breve, dada a complexidade das matérias e a conveniência da apropriada ponderação das soluções.

(..)

O carácter provisório das presentes medidas aconselha a não introduzir por enquanto um sistema inteiramente novo, para que se evite um risco de insucesso idêntico ao do regime estabelecido na Lei nº 1995, de 17 de Maio de 1943. Consequentemente, renuncia-se a objectivos mais ambiciosos – mas de êxito problemático, sem adequada investigação –, em proveito de normas de maior eficácia prática imediata, como parece convir a providências que devem reputar-se de índole transitória. Pois bem poderão elas, na projectada reforma do direito das sociedades comerciais, vir a ser substituídas ou completadas por outras, acaso mais conformes a uma justa e razoável ordenação dos múltiplos interesses e necessidades que se debatem no seio e em torno de um tipo de sociedades de tão larga projecção na vida contemporânea."

6. 2.º Período: De 2005 em diante (Regime actual)

Em 2005, a Assembleia da República aprovou a Lei n.º 10/2005, de 23 de Dezembro, através da qual autorizou o Governo a introduzir alterações ao Código Comercial. De acordo com o preâmbulo desta lei, a razão de ser da referida autorização legislativa deveu-se à *"necessidade de adequar o Código Comercial ao imperativo de modernidade, segurança e eficácia da justiça, aos princípios constitucionais de igualdade entre o homem e a mulher, à necessidade de simplificação e modernização..."*.

Curiosamente, quatro dias depois era publicado o novo Código Comercial, aprovado pelo Governo pelo Dec.-Lei n.º 1/2005, de 27 de Dezembro. Dissemos curiosamente porque o espaço temporal que separa as duas leis nem sequer corresponde a uma semana[50]. Não pretendemos autonomizar aqui uma discussão em torno deste ponto, até porque se trata de uma questão marginal.

Este Código revoga todos os diplomas que o antecederam, exceptuando o Capítulo V do Título II do Livro Segundo (sociedades cooperativas) e o Livro Terceiro (Comércio marítimo) do Código de VEIGA BEIRÃO. É que resulta do artigo 2.

O Código Comercial, diferentemente do regime anterior, agrupa todos os tipos societários num só diploma legal e encontra-se dividido em quatro livros, designadamente, Livro Primeiro (*Exercício da empresa*

---

[50] Talvez por isso, existam alguns lapsos no Código Comercial. Exemplificativamente, no artigo 183 (momento em que se torna efectiva a redução do capital social) refere-se que *"o capital social fica reduzido com o respectivo registo definitivo na Conservatória do Registo das Entidades Legais..."*, quando, nesta altura ainda não havia sido aprovado o Dec.-Lei nº 1/2006, de 3 de Maio, que cria o Registo de Entidades Legais e aprova o seu Regulamento, e revoga o Dec.-Lei nº 42 644 e o Decreto nº 42 645, ambos de 14 de Novembro de 1959. A referência a este órgão – que ainda não havia sido criado aquando da aprovação do Código Comercial em 2005 – surge ainda no n.º 1 do artigo 196 (escritura da fusão). Contrariamente, no mesmo Código, encontramos a referência à Conservatória do Registo Comercial no nº 2 do artigo 100 (relações entre os sócios anteriores à constituição da sociedade) e no nº 4 do artigo 227 (sócios discordantes: possibilidade de exoneração). É verdade que com a aprovação do Dec.-Lei nº 1/2006, de 3 de Maio, a designação passou a ser Conservatória do Registo das Entidades Legais. Outro lapso pode-se encontrar no artigo 150 (dever de diligência) no qual, pretendendo-se fazer referência à figura do "gestor criterioso e ordenado", faz-se menção, erroneamente, à figura do "gestor criterioso e coordenado" – mais adiante, e pela importância que esta disposição tem para o tema ora em análise, ocupar-nos-emos com maior acuidade deste lapso.

comercial), Livro Segundo (*Sociedades Comerciais*), Livro Terceiro (*Contratos e obrigações mercantis*) e Livro Quarto (*Títulos de Crédito*).

Já a pensar numa reforma deste Código, determinou-se no artigo 7 do Dec.-Lei que o aprovou que uma comissão composta por juristas e empresários seria nomeada pelo Governo para, durante os primeiros cinco anos de vigência, acompanhar a sua (do Código) aplicação, com vista a propor a este órgão governamental as providências convenientes ao seu aperfeiçoamento.

No entanto, antes mesmo de decorrido este período de cinco anos – cujo termo se verificaria no dia 26 de Junho de 2011[51] –, o Governo, através da Resolução n.º 3/2008, de 29 de Maio[52], aprovou a estratégia para a melhoria do ambiente de negócios, na qual deliberou, entre outras questões, a necessidade da reforma legal da parte relativa às sociedades comerciais.

Foi assim que a Assembleia da República autorizou o Governo, através da Lei n.º 3/2009, de 12 de Janeiro[53], a introduzir alterações ao Código Comercial. Pretendia-se, lê-se no preambulo desta lei, *"introduzir alterações ao Código Comercial como forma de adequar à necessidade de simplificação de procedimentos, melhoramento do ambiente de negócios, bem como rectificar lapsos e omissões nas disposições introduzidas pelo Decreto-Lei n.º 2/2005, de 27 de Dezembro..."*.

No seguimento desta Lei de autorização legislativa, foi aprovado pelo Governo o Dec.-Lei n.º 2/2009, de 24 de Abril, que conferiu, por um lado, nova redacção aos artigos 88, n.º 3; 92, n.º 1, *al. e)*; 94, n.º 1; 100, n.º 2; 112, n.º 1; 115, n.ºs 1, 2, 3, 4 e 5; 169; 227, n.º 4; 289, n.º 2[54]; 290,

---

[51] Relativamente à entrada em vigor do Dec-Lei que aprova o Código Comercial, o artigo 7 fixou uma *vacatio legis* de 180 dias, a contar da sua publicação, que ocorreu a 27 de Dezembro de 2005. Assim, o referido diploma legal entrou em vigor no dia 26 de Junho de 2006.

[52] Publicada no BR nº 22, I série, 2º suplemento, de 29 de Maio de 2008.

[53] Publicada no BR nº 1, I série, 3º suplemento, de 12 de Janeiro de 2009.

[54] Determina esta disposição, integrada na parte relativa às sociedades por quotas, o seguinte: *"Cabe aos sócios e aos accionistas fixar o capital social adequado a realização do capital social"*. Ora, há aqui lapsos que nos parecem ser resultado de uma redacção apressada, pois, por um lado, as sociedades por quotas não têm accionistas (v. artigos 331 e ss), e, por outro, há uma repetição desnecessária (e que retira sentido ao que se pretende regular) da expressão capital social, referindo-se que o "capital social" deve ser "adequado à realização do capital social, quando, julgamos, que deveria, antes, ser dito que o capital social deve ser adequado à realização do objecto social.

n.º 1; 292, n.º 1; 358, n.º 1, *al. a)*; 371, n.º 1, al. f); 571 e 782, *al. a)*, todos do Código Comercial, e procedeu ao aditamento (também ao Código Comercial) dos arts. 119A, 119B, 119C, 119D[55], 359A, 373A, 373B e 373C.

---

[55] Os artigos 119A, 119B, 119C e 119D correspondem *ipsis verbis* ao que já vinha disposto, quanto às sociedades por quotas, nos artigos 307, 308, 309 e 310, respectivamente. Limitou-se o legislador (*in casu*, o Governo) a reproduzir no regime da parte geral das sociedades comerciais (portanto, aplicável a todos tipos societários) o regime que já vigorava para as sociedades por quotas. Julgamos que seria preferível que se revogassem os artigos que regulam esta matéria na parte relativa às sociedades por quotas por forma a evitar repetições desnecessárias que só tornam o Código mais pesado e menos sintético.

CAPÍTULO III
NATUREZA JURÍDICA

7. Considerações gerais

Convém, antes de tratarmos especificamente do regime jurídico da responsabilidade dos administradores nas suas mais diferentes vertentes, debruçarmo-nos, ainda que de forma sucinta (por não ser esta a sede própria para o tratamento desta matéria), sobre a natureza jurídica da administração, por forma a determinar qual a relação que se estabelece entre a sociedade e os membros da administração, enquanto seu órgão social[56]. Duas teorias se têm confrontado com vista à solução desta verdadeira *vexata quaestio*. A é primeira designada por *teoria do mandato* e a segunda por *teoria organicista*. Analisemo-las sucintamente.

8. Teoria do mandato

A teoria do mandato foi dominante durante o século XIX e considerava os administradores das sociedades como mandatários desta. Podiam ser mandatários da sociedade nos casos em que esta tivesse personalidade jurídica, ou dos sócios no caso contrário[57].

Como reflexo deste domínio, podiam encontrar-se no Código Comercial de 1888 expressões que sugeriam o acolhimento desta teoria, *v.g*, os artigos 156, 172, 173 e § 2.º deste mesmo Código.

Porém, a força que a consagração legal, no Código Comercial de 1888, da expressão "mandato" poderia representar para o acolhimento

---

[56] Pupo Correia, *Direito Comercial*, cit., p. 600. Para uma análise mais aprofundada, v. Brito Correia, *Os Administradores*, cit., p. 293 e ss.

[57] Ferrer Correia, *Lições*, cit., p. 386.

desta teoria é aparente, por duas razões fundamentais, que brevemente se enunciam: *(i) Primeiro*, não pode existir mandato onde não exista a possibilidade de prescindir da sua utilização (por parte do mandante); sendo, a administração um órgão de gestão imprescindível à vida da sociedade[58], não existiria aqui aquela susceptibilidade mencionada como uma das características do mandato; *(ii) Segundo*, o mandato somente se dirige à prática de actos jurídicos (artigo 1157 do CC), enquanto a administração compreende também a prática de operações materiais.

9. Teoria orgânica ou organicista

Uma segunda teoria, que corresponde à perspectiva doutrinária mais moderna, é aquele que defende que as funções da administração não resultam de um mandato, mas sim de uma situação jurídica de representação orgânica[59] – trata-se da *teoria orgânica* ou *organicista*. Na verdade, a sociedade (que na perspectiva da tese do mandato teria que ser vista como mandante), por não ser capaz de exteriorizar a sua vontade senão através dos titulares dos seus órgãos, nunca poderia substituir-se ao mandatário, que seriam (segundo aquela perspectiva) os próprios órgãos.

Acresce ainda que, como bem assinala o professor PUPO CORREIA, *"enquanto os poderes do mandatário provêm de um acto livre de vontade do mandante, já a competência do órgão representativo não provém de um acto de vontade social, mas sim da lei ou do contrato de sociedade, isto é, de uma situação necessária e imprescindível de formação e expressão da vontade da pessoa colectiva"*[60].

Parece-nos ser esta a construção que melhor explica a relação existente entre a sociedade e a administração enquanto seu órgão social.

---

[58] *Idem*, p. 387.
[59] PUPO CORREIA, *Direito Comercial*, cit., p. 611, 608-609.
[60] *Idem*, p. 608.

PARTE II

OS DEVERES DOS ADMINISTRADORES

CAPÍTULO I
FONTES DOS DEVERES DOS ADMINISTRADORES

10. Considerações gerais

A determinação da responsabilidade dos administradores só pode ser aferida por referência à violação de determinados deveres, violação essa da qual resultem danos para os sujeitos susceptíveis de os sofrerem (sociedade, sócios, credores ou terceiros).

Assim, sob pena de navegarmos sem a visibilidade necessária rumo ao cerne do conteúdo da responsabilidade dos administradores das sociedades, convém reservarmos algumas linhas para fixarmos alguns faróis que nos orientarão nesta longa viagem; ou seja, é de todo conveniente identificar os deveres, quer fundamentais quer secundários, dos administradores. Não se pretende, claro, esvaziar todo o conteúdo desta matéria, mas tão-somente escalpelizar aquilo que se revelar necessário para a compreensão da responsabilidade dos administradores.

Trataremos, sucessivamente, da lei, dos estatutos e das deliberações da assembleia geral, como fonte daqueles deveres.

11. A lei

I. Uma das fontes dos deveres dos administradores é a Lei (aqui tomada em sentido amplo)[61]. Aliás, na medida em que a liberdade contratual das partes tem como limite a lei (artigo 405 do CC), pode-se mesmo dizer que ela estabelece aqueles deveres (através de normas imperativas e

---

[61] Estando num Estado de Direito, em que o princípio da legalidade está presente – n.º 3 do artigo 2 da CRM – outra não poderia ser a solução.

proibitivas) que constituem o *"mínimo indispensável"* exigível aos administradores no exercício das suas funções.

Esta referência à Lei como fonte dos deveres dos administradores resulta mesmo, expressamente, do próprio Código Comercial.

Com efeito, no que diz respeito à responsabilidade dos administradores para com a sociedade, resulta do n.º 1 do artigo 160, que aqueles respondem perante esta pelos danos e omissões praticados com *"... preterição dos **deveres legais**..."*, numa alusão clara à Lei.

No mesmo diapasão se situa o n.º 1 do artigo 164, ao determinar, expressamente, que os administradores respondem para com os credores da sociedade pelos danos resultantes da *"... inobservância de uma **disposição legal**..."*.

II. No que diz respeito à responsabilidade dos administradores para com sócios e terceiros, a direcção é a mesma. Com efeito, aqui, a lei determina que *"os administradores respondem, também, **nos termos gerais**, para com os sócios e terceiros, pelos danos que a estes directamente causem no exercício das suas funções"*. Ora, quando a lei determina que os administradores devam responder *"nos termos gerais"* mais não está senão a remeter para o regime geral da responsabilidade civil, cuja previsão legal consta do artigo 483 do CC. Desta disposição legal infere-se que a obrigação de indemnizar está, entre outros, dependente da violação de um *"... **direito de outrem** ou **qualquer disposição legal destinada a proteger interesses alheios**..."*. Ou seja, indica-se claramente que a responsabilidade dos administradores perante os sócios e terceiros pressupõe a violação de um direito subjectivo ou de uma norma de protecção.

Mais adiante procederemos a uma enumeração exemplificativa, se bem que substancial, dos deveres cuja violação responsabiliza os administradores.

12. Os estatutos

Os estatutos constituem uma importante fonte de deveres dos administradores. É através dos estatutos que a sociedade comercial pode afastar as normas supletivas do Código Comercial, bem como impor novas obrigações para os administradores. No entanto, a sua admissibilidade como fonte está dependente de um factor: é necessário que se trate de disposições ou cláusulas válidas (por contraposição às nulas e anuláveis)[62], ou seja, não podem contrariar as normas de carácter imperativo nem mesmo afasta-las.

O próprio Código Comercial é igualmente elucidativo, ao determinar no n.º 1 do artigo 160, em relação à sociedade, e no n.º 1 do artigo 164, que a violação dos deveres estatutários é, quando verificados concomitantemente outros pressupostos, fundamento de responsabilidade civil dos administradores.

Desta forma, as obrigações resultantes dos estatutos da sociedade, desde que não contrariem disposições imperativas da lei, obrigam e delimitam a actuação dos administradores das sociedades.

13. As deliberações da assembleia geral

I. A doutrina não é unânime relativamente à admissibilidade das deliberações da assembleia geral como fonte de responsabilidade civil dos administradores[64]. No fundo a questão prende-se em saber se, da execução de uma deliberação da assembleia geral que seja anulável ou nula, os administradores podem ou não ser responsabilizados pelos danos que daí possam advir.

A este respeito, a nossa lei, no n.º 3 do artigo 160, referindo-se à responsabilidade dos administradores para com a sociedade, determina:

> "Os administradores não são responsáveis para com a sociedade, se o acto ou omissão assentar em deliberação dos sócios, ainda que anulável, salvo o disposto na parte final do n.º 5 do artigo 125 ou se a deliberação tiver sido tomada por proposta deles."

A mesma disposição aplica-se, *mutatis mutandis*, à responsabilidade dos administradores para com os credores da sociedade, tal como decorre do n.º 3 do artigo 164.

---

[62] RAÚL VENTURA, BRITO CORREIA; *Responsabilidade Civil*, BMJ nº 192, 1970, p. 68.

[63] RAÚL VENTURA e BRITO CORREIA apresentam determinadas correntes defendidas por certos autores relativamente a esta questão. Referem-se estes autores às posições de SCHILLING e de BAUMBACH-HUECK; de HACHENBURG; de MINERVINI; de OPPO. V. *Responsabilidade Civil*, BMJ 192, cit., p. 69-88.

Ora, o princípio estabelecido é de que a execução da deliberação dos sócios, por parte dos administradores, não faz estes incorrerem em responsabilidade civil. Na verdade, em última análise, o interesse da sociedade é determinado pelo interesse dos sócios, de tal sorte que se estes agirem negligentemente na tomada das suas deliberações será como se fosse a própria sociedade a adoptar este comportamento. Ou seja, se os sócios são os que tomaram a deliberação, e da execução desta resultaram prejuízos para a sociedade, não parece, numa primeira abordagem, fazer sentido, que se responsabilizem os administradores pelo facto de terem baseado a sua conduta nos comandos emanados daquela deliberação.

Admitir o contrário – responsabilizar os administradores pelos actos praticados em execução de deliberação dos sócios – representaria a legitimação da possibilidade de se usar abusivamente do direito de pedir indemnização (por parte dos sócios), na modalidade de *venire contra factum proprium*, pois, embora o lesado seja a sociedade – e seja esta a pessoa com legitimidade para intentar competente acção com vista à efectivação da responsabilidade civil dos administradores –, o certo é que este tipo de acções, tal como decorre do n.º 1 do artigo 162 e do n.º 1 do artigo 163, está dependente de deliberação dos sócios que expresse aquela vontade, pois é contra os representantes da sociedade que se pretende intentar a acção – "não faz sentido, dir-se-ia, que os sócios se pronunciem favoravelmente quanto a uma determinada decisão a tomar pela administração, para, em momento posterior, virem exigir indemnização pela prática do facto por eles mesmos aconselhado"[64-65].

Estas considerações, de carácter geral, parecem ter maior espaço de aplicação nas sociedades por quotas, pois aqui, contrariamente ao estabelecido em relação às sociedades anónimas, a lei determina, no n.º 9 do artigo 323, que os administradores, no exercício das suas funções, *"devem agir com respeito pelas deliberações dos sócios regulamente tomadas sobre matérias de gestão da sociedade"*. Nas sociedades por quotas, os sócios podem legalmente praticar actos de "ingerência" na zona de actua-

---

[64] FILIPE VAZ PINTO, MARCOS KEEL PEREIRA; *A Responsabilidade Civil dos Administradores de Sociedades Comerciais*, in http://www.fd.unl.pt/Anexos/Downloads/222.pdf, p. 19, consultado em 1 de Maio de 2009.

[65] Como avança PEDRO PAIS DE VASCONCELOS, *Teoria Geral*, cit, p. 268, *"quem, através de um comportamento activo ou omissivo, cria em outrem uma confiança fundada em certo modo de exercício do direito – uma boa fé – não pode, depois, mudar bruscamente de comportamento e exercê-lo de um modo contraditório"*.

ção privilegiada da administração. Justifica-se que assim seja pois este tipo societário está mais virado para as pequenas e médias empresas, onde, regra geral, os sócios não são numerosos e estão muito próximos da gestão diária da sociedade.

II. Diversamente se apresenta a mesma questão em relação às sociedades anónimas. Aqui, o poder de ingerência dos accionistas nos poderes da administração é muito limitado e condicionado – estamos aqui, normalmente, em face das grandes empresas, cujos accionistas tendem a distanciar-se do dia-a-dia da gestão das sociedades –, limitando-se, muitas vezes, a recolher os seus dividendos no final de cada exercício; isto para não falar da complexidade que, muitas vezes, a gestão destas empresas implica – pense-se, no abstracto, nas instituições de crédito[66] que devem, nos termos da *al. b)* do n.º 1 do artigo 11 da Lei n.º 15/99, de 1 de Novembro, adoptar a forma de sociedade anónima –, exigindo-se de quem vai, a cada passo, tomar decisões, conhecimentos muito técnicos. Em suma, são os administradores que se apresentam como aqueles que estão melhor preparados para tomar toda e qualquer decisão sobre a gestão da sociedade.

Assim, tendo em conta as particularidades acima referidas, o n.º 3 do artigo 412 dispõe que *"sobre as matérias de gestão da sociedade, os accionistas só podem deliberar a pedido do órgão de administração"*, e, ainda assim, os administradores ainda conservam o poder ou a faculdade de não adoptarem a referida deliberação se, depois de feito o necessário ajuizamento, concluírem que a execução da mesma traduzir-se-á na violação de deveres legais ou estatutários – assim o permite o n.º 1 do artigo 431, que determina que os administradores só devam subordinar-se às deliberações dos accionistas nos casos em que a lei ou o contrato de sociedade assim o determinarem. Da conjugação destes dois preceitos infere-se que a deliberação dos accionistas assume uma natureza mais de instrumento consultivo, não eximindo os administradores da responsabilidade que daí possa advir se a sua execução implicar a violação de deveres legais ou estatutários. Até porque se assim não fosse, e a responsabilidade

---

[66] No artigo 3 da Lei n.º 15/99, de 1 de Novembro, em atenção às alterações introduzidas pela Lei n.º 9/2004, de 21 de Julho, são exemplificativamente enumerados como instituições de crédito: os bancos, as sociedades de locação financeira, as cooperativas de crédito, as sociedades de *factoring*, as sociedades de investimento, os microbancos e as instituições de moeda electrónica.

dos administradores fosse excluída pelo facto de a sua acção ter por base uma deliberação dos accionistas tomada a seu pedido, estaríamos a munir, injustamente, os administradores de uma arma poderosíssima, pois, estes poderiam sempre, agindo, claro, de má fé, solicitar que os accionistas deliberassem sobre determinado assunto (não lhes facultando todas as informações necessárias para o efeito), sabendo, à partida tratar-se de uma questão ferida de ilicitude (por violar a lei ou os estatutos), garantindo, assim, caso obtivessem aquela deliberação, a sua irresponsabilidade – seria um fim manifestamente injusto.

Este regime aplicável às sociedades anónimas corresponde a um desvio à regra geral da irresponsabilidade dos administradores pelos danos que pratiquem como resultado da execução das deliberações dos sócios, e encontra, felizmente, previsão legal na parte final do n.º 3 do artigo 160, no que diz respeito à responsabilidade dos administradores para com a sociedade, aplicável também, *mutatis mutandis*, à responsabilidade dos administradores para com os credores da sociedade, *ex vi* do n.º 3 do artigo 164.º:

> "*Os administradores não são responsáveis para com a sociedade (e para com os credores, subentende-se)..., salvo ... **se a deliberação tiver sido tomada por proposta deles**".*

Nestes termos, podemos concluir que a deliberação pode ser uma fonte de responsabilidade civil dos administradores. Porém, não é fonte autónoma, na medida em que ela somente é geradora daquela responsabilidade se a sua execução pelos administradores representar, paralelamente, uma violação dos deveres legais ou estatutários.

III. Outra excepção à regra da irresponsabilização dos administradores em virtude de a respectiva acção resultar da execução de uma deliberação dos sócios resulta da conjugação do n.º 3 do artigo 160 com o n.º 5 do artigo 125. Estabelece este (último) preceito que: "*os sócios que dolosamente, concorram com os seus votos para a aprovação da deliberação prevista na al. e) do n.º 3 [da mesma disposição, subentenda-se], assim como os administradores que a ela dolosamente dêem execução, respondem solidariamente com o sócio dominante pelos prejuízos causados.*"

Pretende-se, em certa medida, proteger os sócios minoritários (ou dominados) contra o poder do sócio dominante. A este respeito, a lei determina, na *al. e)* do n.º 3 do artigo 125, que o sócio dominante tem o dever de não concorrer para a aprovação de deliberações com o consciente propósito de obter, para si ou para terceiro, vantagem indevida em prejuízo da sociedade, de outros sócios ou de credores daquela. Assim, tendo o administrador conhecimento de que determinada deliberação tenha sido aprovada com aquele propósito, deve o mesmo abster-se de executá-la, sob pena de a sua acção o tornar solidariamente responsável com o sócio dominante. Pode e deve, o administrador adoptar outra conduta no sentido de requerer a impugnação judicial da deliberação social, faculdade que lhe é conferida pela *al. d)* do n.º 1 do artigo 144, requerendo, com fundamento na *al. a)* do n.º 1 do artigo 143, a anulação da referida declaração.

Trata-se, com efeito, de uma disposição cuja aplicação se espalha à todos os tipos societários.

Aqui, a semelhança do que dissemos em relação à primeira excepção à regra, a fonte da responsabilidade do administrador será a deliberação, embora se reporte à violação de um dever legal.

CAPÍTULO II
ENUMERAÇÃO DOS DEVERES LEGAIS

14. Considerações gerais

O Código Comercial encontra-se dividido em quatro Livros: LIVRO PRIMEIRO: Exercício da empresa comercial; LIVRO SEGUNDO: Sociedades Comerciais; LIVRO TERCEIRO: Contratos e Obrigações Mercantis; LIVRO QUARTO: Títulos de Crédito. Os deveres dos administradores encontram-se localizados, em grande medida, no Livro Segundo que contém dois títulos, o primeiro designado *Parte Geral*, e o segundo *Sociedades Comerciais em Especial*.

Identifiquemo-los, casuística e sucessivamente.

15. Dever de diligência. Remissão

Dispõe o artigo 150:

> *"Os administradores de uma sociedade devem actuar com diligência de um gestor criterioso e coordenado*[67]*, no interesse da sociedade, tendo em conta o interesse dos sócios e dos trabalhadores".*

---

[67] Não nos parece haver dúvidas de que o Legislador pretendia dizer "gestor criterioso e ordenado" e não, como efectivamente aparece instrumentalmente "coordenado". Tanto é assim que no n.º 3 do artigo 102, no qual o mesmo critério de aferição de culpa se revela, o Legislador refere "gestor criterioso e ordenado", o que sedimenta a ideia de que a referência feita no artigo 150 terá resultado de um lapso. Mas é curioso que numa outra disposição o legislador volta a cometer outro lapso. Com efeito, no n.º 1 do artigo 203 o Legislador refere-se simplesmente à figura do "gestor criterioso" sem qualquer referência ao "ordenado" (ou, embora erradamente, ao "coordenado"). A nossa convicção de que a terminologia correcta é a do "gestor criterioso e ordenado" e não "gestor criterioso e

Parte da doutrina vê nesta disposição um dever propriamente dito cuja violação consubstancia um caso de ilicitude[68]. Não é esse o nosso ponto de vista. Entendemos, contrariamente, não existir aqui qualquer dever propriamente dito, embora a letra do artigo possa induzir-nos àquela percepção, mas sim um *critério de aferição de culpa*, baseado na diligência de um gestor criterioso e ordenado.

Deste modo, curaremos desta questão – dever de diligência – quando estivermos cuidando da análise da culpa enquanto pressuposto da responsabilidade civil[69].

16. A Parte geral das Sociedades Comerciais (Livro II, Título I do Código Comercial)

O n.º 2 do art. 85 – sociedades estrangeiras com actividade permanente no território nacional – estabelece que *"a sociedade que infringir o disposto no número precedente[70] fica, apesar disso, obrigada pelos actos ou operações praticadas em seu nome em território nacional e, com a referida sociedade, respondem solidariamente as pessoas que os tenham praticado, assim como os gerentes ou administradores da sociedade"*.

---

coordenado" ou então simplesmente "gestor criterioso" radica, por uma lado, no facto de aquela referência já constar do então revogado n.º 1 do artigo 17 do Dec.-Lei n.º 49 381, de 15 de Novembro de 1969, e, por outro, nas ilações que tiramos do Direito Comparado, mais particularmente do artigo 64 do CSC, onde a referência àquela figura encontra-se amplamente tratada na doutrina portuguesa que, por inspiração de RAUL VENTURA, adveio do § 93/1 do *Aktiengesetz* alemão, de 1965. Cfr., sobre a origem do dever de diligência, MENEZES CORDEIRO, *Os Deveres Fundamentais dos Administradores das Sociedades*, in http://www.oa.pt/Conteudos/Artigos/detalhe_artigo.aspx?idc=30777&idsc=50879&ida=50925, consultado em 11 de Novembro de 2010.

[68] Neste sentido, V. MENEZES CORDEIRO, *Da Responsabilidade Civil*, cit., p. 40, nota 21, 496-497 e 522; CARNEIRO DA FRADA, *A Responsabilidade dos Administradores na Insolvência*, http://www.oa.pt/Conteudos/Artigos/detalhe_artigo.aspx?idc=30777&idsc=50879&ida=50916www.oa.pt, consultado em 11 de Novembro de 2010; RAUL VENTURA, BRITO CORREIA, *Responsabilidade Civil*, BMJ 192, cit., p. 95-97; BRITO CORREIA, *Os Administradores*, cit., 596-597.

[69] Cfr. *infra*, n.º 33.

[70] O n.º 1 deste artigo dispõe que: "A sociedade que não tenha a sede principal ou a sua administração efectiva em território nacional, mas pretenda exercer neste a sua actividade por mais de um ano deve instituir uma representação permanente e cumprir com as disposições da lei moçambicana sobre o registo comercial".

Imputa-se aqui aos administradores o dever de cumprirem as disposições da lei moçambicana sobre o registo[71] sempre que a sociedade, que não tenha a sua sede principal ou a sua administração efectiva em território nacional, pretenda exercer neste a sua actividade por mais de um ano.

Estabelece o n.º 3 do artigo 88 – capacidade – que "é proibido às sociedades prestar garantias pessoais ou reais a obrigações alheias, excepto se houver interesse próprio da sociedade justificado por escrito pela administração ou se se tratar de sociedade dominantes ou de relação de grupo"[72]. Ou seja, impõe-se aos administradores, que são os que perante terceiros exteriorizam a vontade juridicamente imputável à sociedade, o dever de, regra geral, não prestarem garantias, de carácter pessoal ou real, quando se reportem a obrigações alheias à sociedade.

O n.º 2 do artigo 98 – acordos parassociais – dispõe que *"os acordos parassociais podem respeitar ao exercício do direito de voto, mas não à conduta de intervenientes ou de outras pessoas no exercício de funções de administração ou de fiscalização"*. Através desta disposição legal, o legislador impõe aos administradores o dever de não adoptarem certas condutas em obediência ao estipulado em acordos parassociais[73].

Do n.º 1 do artigo 102 – responsabilidade na constituição da sociedade – resulta que *"os administradores... que, tendo examinado todo o processo constitutivo, verificarem não existir qualquer irregularidade no mesmo, respondem solidariamente para com a sociedade pela sua falsidade, inexactidão ou deficiência..."*. Trata-se, com efeito, de um dever que nasce em momento anterior ao início da actividade da sociedade e dos administradores (artigo 102)[74];

---

[71] A lei que regula o registo dos actos das sociedades é o Dec.-Lei n.º 1/2006, de 3 de Maio, que cria o Registo de Entidades Legais e aprova o seu Regulamento, e revoga o Dec.-Lei n.º 42 644 e o Decreto n.º 42 645, ambos de 14 de Novembro de 1959 (BR n.º 018, I Série, de 03 de Maio de 2006, pág. 147 a 160).

[72] Esta redacção foi dada pelo Dec-Lei 2/2009, de 24 de Abril, que altera alguns artigos do Código Comercial.

[73] Ac. Rel. de Lisboa, de 5 de Março de 2009. *"... a administração e a fiscalização duma sociedade ficam fora do universo aberto aos acordos parassociais, pelo que as cláusulas neles apostas que pretendam determinar a conduta dos administradores duma sociedade, bem como a sua fiscalização, não são permitidas por lei, pelo que, contrárias à lei, devem considerar-se nulas"*.

[74] V. BRITO CORREIA, *Direito Comercial*, Vol. II, cit., p. 220-221.

O n.º 2 do artigo 103 – suspensão da actividade – impõe aos administradores o dever de não agirem em nome da sociedade após e durante a pendência do registo da suspensão da actividade desta.

O n.º 6 do artigo 108 – quinhão nos lucros e perdas – determina que os administradores *"somente podem distribuir dividendos, mesmo aos titulares de acções preferenciais, à conta do lucro líquido do exercício, depois de efectuadas as deduções legais obrigatórias, reguladas neste código (subentenda-se, Código Comercial), ou à conta do fundo de reserva especial, previsto no contrato de sociedade ou criado pela assembleia geral, destinado ao pagamento dos dividendos das acções preferenciais".*

Resulta ainda do n.º 1 do artigo 109 – lucro e limites à sua distribuição – que estabelece, a título supletivo, que os administradores não devem proceder à distribuição aos sócios de quaisquer bens da sociedade senão em caso de lucro, entendendo-se como lucro, tal como decorre do n.º 2 da mesma disposição legal, *"o valor apurado nas contas do exercício, segundo as regras legais de elaboração e aprovação das mesmas, que exceda a soma do capital social e dos montantes já integrados ou a integrar nesse exercício a título de reservas que a lei ou os estatutos não permitam distribuir aos sócios".*

A lei impõe ainda no artigo 110 – deliberação de distribuição de lucros – que os administradores[75] não procedam a distribuição de lucros sem que a mesma tenha sido autorizada por uma deliberação dos sócios (n.º 1); imputa-se ainda, no n.º 3 da mesma disposição legal, aos administradores, o dever de não executarem qualquer deliberação dos sócios, de distribuição, sempre que a mesma ou a sua execução, atento ao momento desta, não discrimine, de entre as quantias a distribuir, os lucros do exercício e as reservas livres[76]; porém, caso seja executada uma deliberação que viole aquela proibição contida no n.º 3, os administradores devem comunicar ao conselho fiscal ou ao fiscal único, quando existam, as razões que a justificam e convocar uma assembleia geral para apreciação e deliberação sobre a situação (n.º 4).

Do n.º 1 do artigo 115 – comprovação da realização do capital social – resulta o dever de os administradores somente procederem ao levanta-

---

[75] A lei não se refere expressamente aos administradores, porém, subentende-se que a eles se dirija.

[76] Esta imposição no sentido de se verificar se a deliberação discrimina ou não, de entre as quantias a distribuir, os lucros de exercício e as reservas livres, resulta do n.º 2 da mesma disposição legal.

mento do capital social após o registo da sociedade. No n.º 3[77] da mesma disposição legal determina-se a obrigação de os administradores, no que diz respeito às participações de capital social a realizar em espécie, comprovarem a respectiva realização através de uma declaração por si assinada, que certifique que a sociedade entrou na titularidade dos bens e que estes foram já entregues à sociedade, salvo nos casos de entrega diferida de bens.

Resulta do n.º 1 do artigo 119 – perda de metade do capital social – que o administrador *"que, pelas contas de exercício, verifique que a situação líquida da sociedade é inferior a metade do valor do capital social, deve propor... que a sociedade seja dissolvida ou o capital seja reduzido a não ser que os sócios realizem, nos sessenta dias seguintes à deliberação que da proposta resultar, quantias em dinheiro que reintegrem o património em medida igual ao valor do capital"*, devendo a referida proposta, tal como resulta do n.º 2 do mesmo artigo, *"ser apresentada e votada, ainda que não conste da ordem de trabalhos, na própria assembleia que apreciar as contas ou em assembleia a convocar nos oito dias seguintes à sua aprovação judicial nos termos do artigo 175"*. O artigo 175, sob a epígrafe "aprovação judicial das contas", determina que *"se as contas anuais e o relatório da administração não forem apresentados aos sócios até três meses após o termo do exercício a que respeitem, pode qualquer sócio requerer ao tribunal a fixação de um prazo, não superior a sessenta dias, para a sua apresentação"*; ou seja, fixa-se aqui mais um dever para o administrador no sentido de proceder a apresentação das contas anuais e o relatório da administração dentro de certo prazo.

Da interpretação do disposto no n.º 1 do artigo 121 – aquisição e alienação de bens a sócios – resulta que os administradores não devem, em nome da sociedade, adquirir ou alienar bens aos sócios se a mesma não for efectuada, por um lado, a título oneroso, e, por outro, não tiver sido aprovada previamente por deliberação dos sócios em que não vote o sócio interessado nos referidos bens.

Ainda neste capítulo, muito rico em deveres dos administradores, resulta das *als. f)* e *g)* do n.º 1 do artigo 122 – direito à informação – que o administrador está obrigado a facultar aos sócios *"quaisquer informações pertinentes aos assuntos constantes da ordem de trabalhos da*

---

[77] As redacções deste nº 3 e do nº 1 do artigo 115 foram dadas pelo Dec-Lei nº 2/2009, de 24 de Abril, que altera alguns artigos do Código Comercial.

assembleia geral antes de se proceder a votação desde que razoavelmente necessários ao esclarecido exercício do direito de voto", bem como facultar aos associados, quando estes requeiram por escrito, *"informação escrita sobre a gestão da sociedade"*. Trata-se, com efeito, de um importante dever, cuja violação pode acarretar, e em princípio acarretará, consequências gravosas para os sócios, pois a falta de informação poderá determinar uma ignorância do sócio sobre a vida da sociedade.

Consta ainda do artigo 123 – comunicações da sociedade aos sócios – o dever imputável aos administradores de comunicar os actos de que os sócios devam tomar conhecimento através de *"carta endereçada para os seus domicílios que constem dos registos da sociedade"* ou, nos casos em que tal não seja possível, através de publicação de anúncios obedecendo ao disposto no art. 317.

No n.º 2 do artigo 124 – exame judicial à sociedade – imputa-se aos administradores o dever de facultarem toda a informação requerida pelo Tribunal, quando solicitados para o efeito, no âmbito de uma acção promovida por um sócio que, com base em fundadas suspeitas de graves irregularidades na vida da sociedade, requeira a realização de exame a sociedade. É de extrema importância este dever, na medida em que é o administrador quem, em princípio, tem um conhecimento mais detalhado sobre a vida da sociedade. Ainda nesta disposição legal, mais precisamente no seu n.º 7, resulta para o administrador o dever de sanar as irregularidades que lhe tenham sido notificadas pelo Conservador do Registo (já não comercial) de Entidades Legais[78], sob pena de poder, sob requerimento deste, ser requerido exame judicial à sociedade.

Impõe-se ainda ao administrador, nos n.º 4 e 5 do artigo 125 – responsabilidade do sócio dominante –, o dever de, podendo fazê-lo, *(i)* impedir que seja induzido pelo sócio dominante a praticar um acto que seja ilícito; *(ii)* não permitir a celebração de contrato entre a sociedade e o sócio dominante, em condições discriminatórias e de favor, em benefício deste ou de terceiro; e *(iii)* impedir que seja induzido a celebrar com terceiros contratos em condições discriminatórias, em benefício do sócio dominante ou de terceiro. Trata-se, sem dúvida, de uma disposição que tem em vista a pro-

---

[78] Designação introduzida pelo Decreto-Lei n.º 1/2006, de 3 de Maio, que Cria o Registo de Entidades Legais e aprova o seu Regulamento, e revoga o Decreto-Lei n.º 42 644 e o Decreto n.º 42 645, ambos de 14 de Novembro de 1959 (BR nº 018, I Série, de 03 de Maio de 2006, pág. 147 a 160)

tecção de minorias (dos sócios minoritários) que, perante o poder do sócio dominante, pouco poderiam fazer (caso não existisse uma disposição desta natureza) para acautelar os seus interesses.

Impende também, nos termos do n.º 3 do artigo 130 – participação do sócio na assembleia-geral – sobre o administrador o dever de comparecer às reuniões da assembleia-geral quando convocados pelo presidente da mesa. Bem se compreende a fixação deste dever pois podem os sócios estar interessados em obter esclarecimentos e/ou informações dos administradores relativamente ao modo como a gestão da sociedade está a ser efectuada.

Quando do aviso convocatório conste a menção da existência de documentos à disposição dos sócios para consulta na sede social, os administradores, qualquer deles, devem assinar o referido aviso, tal como resulta da conjugação dos n.ºs 2 e 4 do artigo 134 – aviso convocatório.

De acordo com o n.º 1 do artigo 148 – acta notarial – impõe-se ao administrador, quando solicitado por escrito por um sócio, nos três dias anteriores à realização da assembleia, o dever de viabilizar que a acta seja lavrada por notário.

Decorre ainda do n.º 1 do artigo 151 – competência da administração – o dever, que, aliás, representa a função principal dos administradores, de gerir e representar a sociedade, obedecendo aos termos fixados para cada tipo societário. Este preceito revela-se de enorme importância para as situações relativas aos administradores não executivos. É que estes, movidos por critérios de organização interna, colocam-se numa situação de afastamento da gestão diária da sociedade sem que exista um fundamento legal que justifique tal posicionamento.

O Código Comercial fixa, na relação entre a administração e a fiscalização, determinados deveres aos administradores. Deve, assim, o administrador, nos termos do artigo 158 – poderes e deveres dos membros do conselho fiscal ou do fiscal único –, facultar ao conselho fiscal ou ao fiscal único os livros, registos[79] e documentos da sociedade, informações ou esclarecimentos sobre qualquer assunto, permitir que estes assistam às reuniões da administração e, corrigir as irregularidades e inexactidões levadas ao seu conhecimento por aquele órgão.

---

[79] Julgamos que se pretendia dizer "certidões de registo", porque o registo é um acto praticado nas Conservatórias (dos quais se podem extrair certidões).

Há deveres que também resultam do artigo 167 – livros obrigatórios. Nos termos desta disposição, devem os administradores manter os livros na sede sociedade ou noutro lugar situado no país, desde que esta alteração tenha sido comunicada à Conservatória do Registo das Entidades Legais, e facultar as cópias das actas ou deliberações da administração para os sócios que as requeiram.

Determina o artigo 170 – contas anuais, relatório e proposta – que *"no fim de cada exercício, a administração da sociedade deve organizar as contas anuais e, salvo se todos os sócios forem administradores e a sociedade não tiver um conselho fiscal ou fiscal único, elaborar um relatório respeitante ao exercício e uma proposta de aplicação de resultados"*. Este relatório deve, nos termos do n.º 1 do artigo 171 – relatório da administração – descrever, com referência às contas anuais, o estado e evolução da gestão da sociedade nos diferentes sectores em que a sociedade actuar, fazendo especial menção aos custos, condições do mercado e investimentos, de forma a permitir uma fácil e clara compreensão da situação económica e da rentabilidade alcançada pela sociedade, e ser entregue ao conselho fiscal ou ao fiscal único até trinta dias antes da data prevista para a assembleia-geral ordinária (n.º 1 do artigo 172 – relatório e parecer do conselho fiscal ou do fiscal único).

Ainda no que diz respeito às contas anuais e ao relatório da administração, devem os administradores proceder à entrega dos mesmos aos sócios num prazo de três meses a contar do termo do exercício a que respeitem, nos termos previstos no n.º 1 do artigo 175 – aprovação judicial das contas.

Quanto à fusão das sociedades, impõe-se aos administradores das sociedades que pretendam fundir-se, o dever de elaborarem um projecto de fusão (artigo 188 – projecto de fusão), devendo este documento ser levado ao conhecimento do respectivo conselho fiscal ou fiscal único ou, na falta destes, a uma sociedade de auditoria, para efeitos de emissão de parecer (n.º 1 do artigo 189 – fiscalização do projecto). Aos administradores a lei fixa ainda, no que diz respeito à fusão, o dever de declararem expressamente, na reunião da assembleia geral, se há ou não mudança significativa nos elementos de facto em que se baseou o projecto de fusão, devendo, caso exista, indicar quais as modificações que se impõem (n.º 1 do artigo 192 – reunião da assembleia). Uma vez aprovada a fusão, recai sobre os administradores o dever de outorgarem a escritura de fusão, nos casos em que entrem bens imóveis, ou procederem ao respectivo registo na Conservatória do Registo das Entidades Legais nos restantes casos (n.º 1 do artigo 196 – escritura de fusão)[80], ficando ainda sob a responsabilidade destes, administradores, proceder ao registo da deliberação que aprovar o projecto de fusão, bem como proceder à sua publicação.

Decorre ainda da parte geral o dever de o administrador submeter, no âmbito da dissolução da sociedade, à aprovação dos sócios o inventário, o balanço e a conta de lucros e perdas referidas à data do registo da dissolução, num prazo de sessenta dias (artigo 232 – obrigações da administração da sociedade dissolvida).

Na liquidação, determina a lei no n.º 2 do artigo 234 – personalidade jurídica da sociedade em liquidação – que os administradores da sociedade continuam sendo havidos como representantes da mesma até os liquidatários assumirem as suas funções.

17. As partes especiais – Sociedades Comerciais em especial (Livro II, Título II do Código Comercial). Considerações gerais

Também aqui encontramos deveres dos administradores e, provavelmente pela importância que as funções dos administradores assumem em cada um dos tipos societários, encontraremos certo regime diferenciado.

Porém, constatamos que, em determinadas situações, a melhor sede para alguns dos deveres que teremos a oportunidade de identificar seria a *parte geral*, na medida em que a sua inclusão na parte especial de determinados tipos societários não só é criadora de uma repetição desnecessária, mas também faz presumir que o legislador não pretendeu imputá-los aos administradores de outros tipos societários. Não obstante esta crítica já ter sido apresentada por MENEZES CORDEIRO em 1997[81], o nosso legis-

---

[80] Em termos de forma, impõem-se aqui as mesmas exigências em relação à constituição e à modificação das sociedades comerciais. Exige-se a escritura pública quando naqueles processos entrem bens imóveis. É o que resulta do n.º 1 do artigo 1 do Dec.-Lei n.º 3/2006, de 23 de Agosto, e dos artigos 90 e 176.

[81] MENEZES CORDEIRO, *Da Responsabilidade Civil*, cit., p. 67-68: "(...) o legislador de 1986 não inclui matéria geral, no local sistematicamente apropriado, acabando por ter de se repetir três ou quatro vezes, a propósito dos diversos tipos societários. Particularmente atingidos foram, a este nível, os deveres dos administradores, gerentes ou directores das sociedades. Contentou-se, o Código das Sociedades Comerciais, com o tímido

lador, mesmo tendo aprovado o nosso Código Comercial oito anos depois das mesmas terem sido apresentadas, não foi capaz de evitar a repetição do "lapso". É grave porque, como se sabe, que o nosso Legislador ins-

artigo 64º que, em termos de grande generalidade, cuida do "dever de diligência". Há, porém, muitos outros aspectos, comuns às diversas sociedades, que poderiam aí ter sido incluídos e desenvolvidos."

Acrescenta ainda aquele autor: "podem ser dados diversos exemplos ilustrativos das críticas aqui formuladas. A proibição de concorrência é básica no fenómeno societário; nas sociedades de pessoas, ele atinge os próprios sócios, numa regra que poderá mesmo ser alargada às sociedades por quotas, pelo menos em certos casos – cf., aliás, o art. 990º do CC; em todas, ela atinge os administradores. Ora o CSC nada diz, em geral, retomando, depois, a matéria, nos artigos 180º (sociedades em nome colectivo), 254º (sociedades por quotas), 398º (sociedades anónimas) e 477º (sociedades em comandita simples). Estes preceitos apresentam configurações nem sempre coincidentes, abrindo questões melindrosas, quanto a saber se as flutuações serão, apenas, formais.

Toda a sociedade tem uma administração; e toda a administração tem uma competência básica. A Parte geral é omissa sobre esse ponto. Nas partes especiais, a competência da administração vem tratada nos artigos 192, 259, 405, e 431 relativos, respectivamente, às sociedades em nome colectivo, às sociedades por quotas, às sociedades anónimas, com conselho de administração e às sociedades anónimas com direcção e conselho geral. Todos estes preceitos têm evidentes aspectos comuns e que, isoladamente tomados, se apresentam muito incompletos. Inserir, na Parte geral, os aspectos gerais da competência da competência de qualquer administração e depois, disso sendo o caso, desenvolver o necessário, quanto aos diversos tipos singulares, teria sido uma vantagem que, classicamente, está ao alcance de qualquer codificação. A situação existente, tal como resulta do CSC de 1986, obriga a aproximar os artigos dispersos sobre a matéria, com todas as dúvidas a que isso dá lugar.

(...) Também a duração do mandato e o problema da destituição, com justa causa, dos administradores, carece de uma regulamentação mínima capaz. O CSC dispensou essa regulamentação onde era esperar vê-la – a Parte geral é totalmente omissa – surgindo depois, nas partes especiais, variadas e desencontradas normas; no tocante à destituição com justa causa, vejam-se os artigos 191º/5, 6 e 7, 257º, 403º, 430º, relativos, respectivamente, a sociedades em nome colectivo, por quotas, anónimas com administração e anónimas com direcção e conselho geral, respectivamente.

Outros exemplos seriam possíveis e mesmo fáceis.

As insuficiências da Parte geral, assim denotadas, prendem-se, directamente, com as limitações científicas existentes no momento da elaboração do Código. Como tem sido referido pela doutrina interessada, uma codificação, mais do que um ponto de partida, traduz o porto de chegada de toda a Ciência que a antecedeu e elaborou. Por isso, num plano estritamente científico, ela tende a limitar-se ao nível pré-existente.

Pois bem, o Código das Sociedades Comerciais não tratou, em sede geral, o papel da administração e o provimento e destituição dos administradores, porque a doutrina não pirou-se fortemente no CSC e, dadas as carências internas, muitas vezes recorre preferencialmente à doutrina portuguesa.

Seria, pois, desejável – até por uma questão de clareza e da sinteticidade que se exige dos Códigos –, que os deveres constantes das partes especiais que, pela sua natureza, devessem ser exigidos aos administradores de todos os tipos societários, constassem da parte geral do Código Comercial.

18. As sociedades em nome colectivo

No regime específico das sociedades em nome colectivo, pouco se diz relativamente aos deveres dos administradores. No n.º 1 do artigo 258 – direito à informação – imputa-se aos administradores o dever de facultarem aos sócios que não sejam administradores a inspecção dos bens sociais e a consulta na sede social da respectiva escrituração, livros e documentos. A este dever acrescem os restantes de natureza geral.

Outro dever que resulta da parte especial desta espécie societária é o de gerir e administrar a sociedade, tal como decorre do n.º 1 do artigo 268 – funcionamento da administração – que, por sinal, já resulta da parte geral (n.º 1 do artigo 151).

19. As sociedades em comandita

Por via da remissão constante do artigo 273 – regime das sociedades em comandita –, tratando-se de *sociedades em comandita simples,* aplicam-se as disposições relativas às sociedades em nome colectivo (e, os deveres específicos serão aqueles que já vimos atrás), e, para o caso das *comanditas por acções* aplicar-se-ão as disposições relativas às sociedades anónimas, que mais adiante serão analisadas. Ou seja, nas sociedades em comandita simples os deveres especiais dos administradores serão os mesmos que os dos administradores das sociedades em nome colectivo enquanto que nas sociedades em comandita por acções os deveres dos administradores serão aqueles que se fixam (mais adiante já os analisaremos) em relação aos administradores das sociedades anónimas.

---

tinha, até à sua data – como não tem hoje – desenvolvido uma teoria geral da administração de sociedades, no Direito Privado."

20. As sociedades de capital e indústria

No quadro do regime específico aplicável às sociedades de capital e industria, não identificamos nenhum dever específico dos administradores. Do mesmo modo, também não decorre da lei remissão alguma para o regime de qualquer outro tipo societário.

21. As sociedades por quotas

Determina o n.º 2 do artigo 293 – sócio remisso e responsabilidade dos outros sócios pela integração das quotas – que *"a administração da sociedade deve interpelar o sócio em mora concedendo-lhe um prazo de trinta dias para realizar a quota"*, dever que se impõe no âmbito da realização das quotas subscritas mas ainda não realizadas.

Constitui ainda dever dos administradores a convocação das assembleias gerais nos casos em que a lei não determine outras formalidades (n.º 3 do artigo 317 – assembleia geral).

Impõe-se aos administradores, no n.º 9 do artigo 323 – funcionamento da administração – o dever, julgamos importante, de *"agir com respeito pelas deliberações dos sócios regularmente tomadas sobre matérias de gestão da sociedade"*. Esta disposição chama-nos a atenção para a análise das deliberações dos sócios como fonte dos deveres dos administradores. Mais adiante, com maior acuidade, nos ocuparemos desta questão.

O dever de não concorrência – artigo 324 (proibição de concorrência) – é igualmente fixado como um dever específico dos administradores das sociedades por quotas. Nos termos deste dever, *"os administradores não podem, sem o consentimento expresso dos sócios, exercer, por conta própria ou alheia, actividade abrangida no objecto social da sociedade, desde que esteja a ser exercida por ela ou o seu exercício tenha sido objecto de deliberação dos sócios"*. Trata-se, com efeito, de um dever inserido no dever de lealdade[82], através do qual se exige que o administra-

---

[82] MENEZES CORDEIRO; *Os deveres Fundamentais*, cit.; *A lealdade no direito das sociedades*, in **http://www.oa.pt/Conteudos/Artigos/detalhe_artigo.aspx?idc=30777&idsc=54103&ida=54129**, consultado em 3 de Janeiro de 2011; FILIPE VAZ PINTO; MARCOS KEEL PEREIRA, *A Responsabilidade Civil*, cit., p. 14; CARNEIRO DA FRADA, *A business judgement rule no quadro dos deveres gerais dos administradores*, in **http://www.oa.pt/Conteudos/Artigos/detalhe_artigo.aspx?idc=30777&idsc=59032&ida=59045**, consultado em 3 de Janeiro de 2011.

dor actue de boa fé, o que, aliás, nos termos do n.º 2 do artigo 762 do CC, se exige no cumprimento das obrigações. Julgamos que este dever teria melhor enquadramento na parte geral do regime jurídico das sociedades comerciais[83].

As *als. a)* e *b)* do n.º 5 do artigo 326 – destituição dos administradores – determinam que *"o não registo ou o registo tardio dos actos a ele sujeitos e a não manutenção em ordem e com actualidade dos livros da sociedade"* e a violação do dever de lealdade, mais particularmente, da proibição de não concorrência, representam violações graves dos deveres dos administradores, fundamentadoras da justa causa de destituição dos mesmos.

22. As sociedades anónimas

São vários os deveres que são especialmente impostos aos administradores das sociedades anónimas, o que se explica, em certa medida, pelo distanciamento a que os accionistas se remetem no que diz respeito à gestão corrente de tais sociedades.

Assim, cabe aos administradores disponibilizarem aos accionistas *"o relatório da administração, contendo os negócios e principais factos ocorridos no exercício findo"* e a *"cópia das demonstrações contabilísticas, acompanhadas de parecer dos auditores independentes e do conselho fiscal, se for o caso"* até um mês antes da data da realização da assembleia geral ordinária, conforme prescrito nas *als. a)* e *b)* do n.º 1 do artigo 415 – documentos a disponibilizar aos accionistas.

No artigo 426 – a relação de fidúcia imposta aos administradores – estabelece-se que *"os administradores das sociedades devem rigorosamente exercer suas funções como administradores fiduciários de todos os accionistas, sejam eles controladores, minoritários ou titulares de acções preferenciais, cujos direitos devem ser igualmente tratados, independentemente da participação de cada um no capital social"*.

Decorre ainda do artigo 427 – negócios com a sociedade – que, sob pena de nulidade, os administradores não devem celebrar contratos com a sociedade, *"salvo se tiverem sido previamente autorizados por deliberação do conselho de administração, no qual o interessado não pode votar, e com o parecer favorável do conselho fiscal ou do fiscal único"*.

---

[83] MENEZES CORDEIRO; *Da Responsabilidade Civil*, cit. p. 67-68.

Impõem-se aos administradores, também aqui, no artigo 428 – proibição de concorrência –, o dever de lealdade, nos termos do qual o administrador está impedido de exercer actividades concorrestes com as da sociedade.

O artigo 429 – outras proibições do administrador – enumera mais um conjunto de deveres a cargo dos administradores. Assim: *(i)* não deve o administrador tomar por empréstimo recursos e bens da sociedade, ou ainda usar os seus serviços e créditos, em proveito próprio ou de terceiros, bem como receber de terceiros qualquer modalidade de vantagem pessoal, em razão do exercício do seu cargo, sem a prévia autorização da assembleia geral ou do conselho de administração (*al. a)*); *(ii)* está o administrador impedido de praticar actos de liberalidade às custas da sociedade, salvo quando tenha obtido a autorização em reunião do conselho de administração e a mesma seja em benefício dos empregados ou da comunidade onde actue a sociedade, tendo em vista as suas responsabilidades sociais (*al. b)*); *(iii)* não deve o administrador aproveitar oportunidade de negócio do interesse da sociedade, visando a obtenção de vantagens para si ou para outrem; deve o administrador deixar de adquirir bem ou direito de que tenha conhecimento ser necessário à sociedade, ou que esta tencione adquirir, com o intuito de proceder a uma revenda lucrativa (*al. c)*).

Determina o n.º 1 do artigo 431 – competência do conselho de administração – que os administradores devem subordinar-se às deliberações dos accionistas ou às intervenções do conselho fiscal ou de fiscal único nos casos em que a lei ou o contrato de sociedade assim o determinem.

O artigo 433 – deveres dos administradores – enumera um conjunto de deveres fiduciários dos administradores. São eles, os deveres de: guardar sigilo sobre informações que ainda não tenham sido devidamente confirmadas e que possam, quando divulgadas para o mercado, influir, de modo ponderável, na cotação dos valores mobiliários da sociedade, zelando no sentido de que os seus subordinados não divulguem a informação (*al. a)*); divulgar pela imprensa, no dia imediatamente seguinte ao facto, qualquer deliberação da assembleia geral ou dos órgãos de administração, facto relevante, ocorrido nos seus negócios e que possa influir, de modo ponderável, nas decisões dos investidores no mercado de valores mobiliários (*al. b)*); não se valer de informação obtida em função do cargo para auferir, para si ou para outrem, vantagens mediante compra e venda de valores mobiliários (*al. c)*); estabelecer um relacionamento ético com os accionistas minoritários em termos de direitos políticos, nomeadamente, o direito de voto, o de representação nos órgãos sociais e os relativos a direitos patrimoniais (*al. d)*); assegurar a tutela dos interesses de accionistas, empregados e demais participantes da sociedade, dentro das atribuições que a lei e o estatuto lhe conferem, de modo a realizar o objecto e a função sociais (*al. e)*); aumentar a confiança dos investidores, de forma a atrair maior volume de capitais de longo prazo (*al. f)*); e, finalmente, optimizar o aproveitamento do capital, reduzindo o seu custo, através de fontes de financiamento mais estáveis (artigo 433)".

No que diz respeito à periodicidade das reuniões e deliberações do conselho de administração – artigo 434 – os administradores estão obrigados a se reunirem, no silêncio do contrato de sociedade, pelo menos uma vez em cada mês (n.º 1), não podendo deliberar sem a presença do *quorum* necessário, *in casu*, maioria simples (n.º 2). O mesmo dispositivo, no n.º 4, determina a obrigação do administrador não votar sobre matérias em que tenha, por conta própria ou de terceiros, um interesse em conflito com o da sociedade; devem, os administradores, no final de cada reunião, lavrar a competente acta, que será assinada por todos os administradores que tenham tomado parte dela.

PARTE III

RESPONSABILIDADE CIVIL DOS ADMINISTRADORES

CAPÍTULO I
ABORDAGEM HISTÓRICA

23. Considerações gerais

Numa abordagem histórica, identificamos duas fases na evolução do regime da responsabilidade civil dos administradores em Moçambique[84]. A primeira fase tem início aquando da independência de Moçambique e estende-se até 2005, na qual vigorou a legislação herdada do regime colonial, designadamente o Código Comercial de Veiga Beirão e a Lei de 11 de Abril de 1901; a segunda fase inicia-se com a entrada em vigor do novo Código Comercial, em 2005, e estende-se até aos nossos dias.
Analisemo-las casuística e rapidamente.

24. 1.ª Fase: De 1975 a 2005 (Regime anterior)

Já antes nos referimos aos diplomas que vigoraram nesta fase[85].
Curiosamente, da pesquisa que realizámos junto dos Tribunais, não descortinamos a existência de nenhuma decisão judicial que tenha recaído sobre esta temática. É certo que não podemos culpabilizar os Tribunais pela inexistência de jurisprudência nesta área, pois, também aqui vigora o princípio da iniciativa processual das partes, não podendo aqueles órgãos, *ex officio*, tomar conhecimento de questões de responsabilidade dos administradores das sociedades comerciais[86].

---

[84] Referimo-nos a Moçambique enquanto Estado independente, estatuto assumido em 25 de Junho de 1975.

[85] Cfr. *supra*, n.º 5.

[86] Em meados de 2008, teve início um processo-crime em que, entre vários réus, figuram alguns membros do Conselho de Administração da empresa pública Aeroportos de Moçambique. Neste processo discutem-se, por um lado, questões relativas a responsa-

Podemos, assim, dizer que o regime jurídico aplicável à responsabilidade civil dos administradores manteve-se adormecido nas páginas das leis que o amparavam, sem que, pelos dados de que dispomos, tivesse ocorrido uma acção intentada contra um administrador para efectivação de responsabilidade civil pelos actos ilícitos e culposos praticados no exercício das suas funções[87].

Mas este adormecimento não quer, de forma alguma, dizer que não tenham ocorrido situações conflituosas no que diz respeito à responsabilidade dos administradores. Simplesmente, há uma tendência generalizada, que se estende até aos nossos dias, no sentido de não expor os problemas internos da sociedade, pois, desta exposição podem resultar prejuízos para a sua imagem.

25. 2.ª Fase: De 2005 em diante (Regime actual)

Perante a inexistência de prática jurisprudencial durante o período anterior, não podemos dizer que o actual Código Comercial, no que diz respeito à responsabilidade civil dos administradores, tenha vindo reparar males do passado. Em bom rigor, o regime anterior de responsabilidade dos administradores nem sequer chegou a ser testado.

Podemos ainda acrescentar que o regime actual também não é resultado de uma produção científica nacional (ou virada para o país), actualizada, pois esta, de um modo geral, é praticamente inexistente.

Contrariamente ao desejável, a construção do novo regime de responsabilidade civil dos administradores assenta sobre estudos estrangeiros e, em grande medida, recorrendo à experiência portuguesa, sem, contudo, tomar em consideração os problemas particulares da sociedade

---

bilidade penal e, por outro, questões relativas a responsabilidade civil dos membros daquele conselho. Referimo-nos a este processo porque, tal como decorre do n.º 1 do artigo 39 do Dec. n.º 17/91, de 3 de Agosto, às empresas públicas aplica-se o regime do Direito Privado. Este processo encontra-se, neste momento, na fase de recurso, portanto, ainda pendente, razão pela qual, não podemos ainda dele fazer uso enquanto referência jurisprudencial nesta dissertação.

[87] A realidade portuguesa não diferiu, nem difere, muito desta. A este propósito veja-se, exemplificativamente, MENEZES CORDEIRO, *Da Responsabilidade Civil*, cit., pp. 30 a 32.

moçambicana[88]. O resultado é que, feliz ou infelizmente, o regime actual comporta várias semelhanças com o regime português. No entanto, não podemos perder de vista que estes dois países vivem realidades socio-económicas diferentes que se tornam mais evidentes pelo enquadramento de Portugal na União Europeia. Esta inserção impõe a necessidade de conformação da legislação portuguesa às normas comunitárias, situação que não se verifica em Moçambique. O problema, todavia, torna-se particularmente grave quando assumimos que o Direito em que fomos buscar as soluções jurídicas para a questão da responsabilidade civil dos administradores – o português –, ele próprio, também "foi elaborado, neste ponto, na base de múltiplas transferências técnicas e culturais, operadas de outros espaços jurídicos, geográfica e historicamente delimitados"[89]. Não é nosso desiderato que não se busquem experiências de outros países, principalmente quando entre eles existem laços histórico-culturais muito fortes, mas, é nosso entender que o processo de elaboração das leis deve começar de dentro para fora, ou seja, o ponto de partida deve ser a identificação dos problemas que se visam resolver e não o contrário, encontrar soluções para depois procurar pelos problemas. O seguimento desta última tendência esvaziou, arriscamo-nos mesmo a tecer esta afirmação, o sentido útil da discussão que timidamente e em foros muito restritos, antecedeu a aprovação do nosso Código Comercial.

É que, em bom rigor, tudo quanto se poderia discutir entre nós já havia sido discutido abundantemente em Portugal, de tal sorte que mais não nos restava senão transformarmo-nos numa caixa de ressonância (é com muita tristeza que o dizemos). Acresce que o risco de se repetirem os erros que eventualmente tenham sido cometidos na legislação onde se vai buscar "inspiração" é quase que garantido. Facto suficientemente elucidativo desta realidade são as críticas que foram avançadas por MENEZES

---

[88] A este propósito, expende Menezes Cordeiro que: "O Direito é uma ciência constituinte: dá azo aos próprios fenómenos jurídicos. O que implica, pelo menos e seguramente, isto: o Direito só surge, efectivamente, nas soluções concretas que faculte. Tais soluções dependem dos problemas reais que surjam. Torna-se assim inevitável o levantamento de casos em que a responsabilidade dos administradores esteja implicada. Na falta de jurisprudência nacional, haverá que recorrer a experiências estrangeiras próximas da nossa (subentenda-se, portuguesas), mas com as necessárias cautelas de Direito comparado, isto é: tendo consciência das diferenças, estruturais ou de conjuntura, que existem entre os diversos ordenamentos."

[89] MENEZES CORDEIRO, *Da Responsabilidade Civil*, cit., p. 71.

CORDEIRO e que, se o nosso legislador, na sua empreitada de ir buscar "inspiração" no nosso "próximo" direito positivo português, tivesse prestado a necessária atenção, não repetiria. Referimo-nos, exemplificativamente, à arrumação dos deveres dos administradores que, em muitas situações, dada a sua natureza, deveriam ter a sua sede na parte geral do livro relativo às sociedades comerciais, mas que, injustificadamente, aparecem contidos nas partes especiais[90].

Será que os problemas da sociedade portuguesa são os mesmos dos da sociedade moçambicana? Será que o regime actual moçambicano salvaguarda os interesses da maioria ou de uma minoria provavelmente mais esclarecida em termos de escolaridade? Ou seja, será o regime actual acessível aos cidadãos moçambicanos?

É interessante o pronunciamento de MENEZES CORDEIRO a respeito da evolução legislativa verificada nesta matéria em 1969. Deixemo-lo falar por si: *"Em 1969, Portugal foi, pois, dotado de uma lei que consagrava as mais elaboradas regras sobre a responsabilidade dos administradores. Contudo, nos dezassete anos de vigência dessa lei, apenas se conhece uma única decisão publicada que, a nível do Supremo, a tenha aplicado: o tema não chegou, pois, a ser plenamente recebido, na cultura nacional"*[91].

---

[90] Já nos referimos a estas críticas; cfr. *supra*, n.º 17.
[91] *Da Responsabilidade Civil dos Administradores das Sociedades Comerciais*, cit., pp. 30-31.

CAPÍTULO II
OS SISTEMAS DE RESPONSABILIDADE DOS ADMINISTRADORES

26. Considerações gerais

A abordagem do tema relativo à responsabilidade dos administradores tem sido feita fundamentalmente com referência a dois modelos, designadamente, o modelo francês e o modelo alemão[92]. Aquele valoriza mais as questões adjectivas ou processuais do problema, modelando como se devem operacionalizar as acções de responsabilidade contra os administradores e quais os critérios para a diferenciação de cada uma destas acções. Já este, diferentemente, concentra a sua abordagem no estudo das modalidades de responsabilidade civil em função do sujeito activo (sociedade, sócios ou terceiros), ou seja, centraliza o estudo da responsabilidade dos administradores no âmbito do direito substantivo.

27. Sistema francês: o modelo processual

I. A construção do estudo da responsabilidade civil dos administradores das sociedades comerciais parte, segundo este modelo, da identificação e da consequente delimitação das possíveis acções de responsabilidade. Assim, a solução do problema passa por identificar quais as pessoas que têm legitimidade para intentar acções contra os administradores.

Historicamente, pode-se dizer que nem sempre os administradores responderam pelos prejuízos ilícitos e culposos que dos seus actos pudessem

---

[92] RAUL VENTURA, BRITO CORREIA; *Responsabilidade Civil*, BMJ nº 192, cit., p. 14 e ss. e MENEZES CORDEIRO, *Da Responsabilidade Civil*, cit., p. 106 e ss.

resultar. Cite-se exemplificativamente a Carta das Índias Orientais Francesas[93], à semelhança dos outros estatutos das grandes companhias coloniais do século XVII[94], facto que, aliás, se justificava pelo problema que na altura se colocava em relação à personalidade jurídica das pessoas colectivas, ideia que ainda se encontrava em construção[95]. Partia-se do princípio de que se os actos praticados pelos administradores no domínio das suas funções eram imputados à sociedade, então deveria ser esta a assumir todas as responsabilidades[96].

É a Lei de 1867 que despoleta o problema da responsabilidade civil dos administradores que, até então não respondiam pelos danos que eventualmente pudessem causar em esferas jurídicas alheias. Dispunha o artigo 44 desta lei o seguinte:

> Os administradores são responsáveis, em conformidade com o Direito comum, individual ou solidariamente, consoante os casos, perante a sociedade e perante terceiros, seja pelas infracções às disposições da presente lei, seja pelas **fautes** que eles tenham cometido na sua gestão, nomeadamente distribuindo ou deixando distribuir, sem oposição, dividendos fictícios[97].

No entanto, só a sociedade é que dispunha de legitimidade para intentar acções contra os administradores, pois só entre eles existia a relação de mandato[98]. Surge, deste modo, a acção social *ut universi,* que permitia que a sociedade, e não um sócio individualmente considerado,

---

[93] MENEZES CORDEIRO, *Da Responsabilidade Civil*, cit., p. 106, nota n.º 140.

[94] *Idem.*

[95] São os estudos de PUFENDORF do qual, no essencial, surgiram as generalizações dos jusracionalistas que continuam, nos dias que correm, a constituir o cerne da personalidade colectiva. Cfr. MENEZES CORDEIRO, *Da Responsabilidade Civil*, cit., p. 106.

[96] Aliás, bem vistas as coisas, não se perdeu de todo esta maneira de encarar o problema. Basta ver que a sociedade, de acordo com o disposto nos artigos 85 e n.º 3 do artigo 151, é, independentemente de culpa, responsabilizada, quando os administradores tenham causado danos de forma culposa a terceiros.

[97] Tradução extraída de MENEZES CORDEIRO, *Da Responsabilidade Civil*, cit., p. 108. A propósito desta disposição, realça este autor a dificuldade de tradução inerente à expressão *faute*.

[98] Era condição para ser mandatário da sociedade que o administrador tivesse a posição de sócios ou accionista. É o que dispunha o artigo 22 da Lei de 1867.

pudesse intentar uma acção com vista à efectivação da responsabilidade civil dos administradores[99].

II. Mas, ainda assim colocava-se outro problema. É que, "em regra, os administradores dispunham de um largo apoio na assembleia geral"[100], o que inviabilizava a instauração de acções judiciais contra os mesmos. A solução para pôr termo a este problema foi encontrada na jurisprudência francesa. Reconheceu-se, a cada sócio, isoladamente considerado, o direito de intentar acção social contra os administradores (acção social *ut singuli*)[101].

Desta forma, a acção social contra os administradores com vista à reparação dos danos causados à sociedade podia ser intentada por esta ou por qualquer sócio, independentemente da sua participação social.

III. Porém, e porque a prática foi revelando que nem sempre a pessoa lesada é a sociedade, mas também o podiam ser os sócios (quando o prejuízo causado pelo administrador afectasse directamente o seu património e não o da sociedade), e, de uma forma geral, os terceiros, a prática jurisprudencial[102] evoluiu para resolver este problema. O final deste segundo momento evolutivo determinou que os administradores pudessem responder civilmente através de acções sociais, intentadas pela sociedade – acção social *uti universi* – ou pelos sócios – acção social *ut singuli* –, ou através de acções individuais, intentadas pelos sócios e terceiros[103]. Mas só no *Code des Sociétés* de 1966 é que esta evolução encontrou consagração legal. Assim, dispunha o artigo 244:

---

[99] NOTO-SARDANHA, *Le Società anonime*, Palermo, 1928, n.º 380 (439), citado por MENEZES CORDEIRO, *Da Responsabilidade Civil*, cit., p. 129, nota n.º 222, em defesa desta orientação no âmbito da doutrina italiana que arrancou da construção napoleónica do administrador como mandatário, afirmou: *"uma acção social, a cargo dos sócios, seria perigosa para o bom andamento dos negócios e, ainda, ilegal e antijurídica".*

[100] MENEZES CORDEIRO, *Da Responsabilidade Civil*, cit., p. 109.

[101] V. CimP Colmar 3-Jul.-1867, Cimp Paris 30-Jul.-1867, Cimp Paris 1-Ago-1868, CssFr 13-Jan-1869, Paris 28-Mai-1869, Decisões citadas por MENEZES CORDEIRO, *Da Responsabilidade Civil*, cit., p. 107-108.

[102] V. Cimp Paris 16-Abr-1870, Capp Paris 20-Jan.-1883, Paris 6-Mai.-1885, Capp Bordeaux 24-Mai.-1885, Lyon 28-Jan.-1890, CssFr 19-Mar.-1894, CssFr 6-Ago.-1894. Decisões citadas por MENEZES CORDEIRO, *Da Responsabilidade Civil*, cit., p. 110-112.

[103] MENEZES CORDEIRO, *Da Responsabilidade Civil*, cit., p. 112; RAUL VENTURA, BRITO CORREIA, *Responsabilidade Civil*, BMJ 192, cit., p. 15 e ss.

*"Os administradores são responsáveis, individual ou solidariamente, segundo os casos, para com a sociedade ou para com terceiros, seja pelas infracções às disposições legislativas ou regulamentares aplicáveis às sociedades anónimas, seja pelas violações aos estatutos, seja pelas **fautes** cometidas na sua gestão"*[104].

E acrescentava o artigo 245 o seguinte:

"Além da acção de reparação do prejuízo sofrido pessoalmente, os accionistas podem, seja individualmente, seja, agrupando-se nas condições fixadas por decreto, intentar a acção social de responsabilidade contra os administradores. Os autores estão habilitados a prosseguir a reparação por inteiro do prejuízo sofrido pela sociedade à qual, quando seja o caso, as indemnizações são conferidas"[105].

No entanto, determinar quando é que o sócio actua no âmbito de uma acção social *ut singuli* ou no de uma acção individual foi muito discutido e representou mesmo uma *vexata quaestio* para a doutrina francesa. E, como legado, esta dificuldade arrastou-se até aos nossos dias[106]. A este respeito, algumas teorias foram apresentadas com a finalidade de pôr termo àquele problema.

IV. Segundo uma perspectiva, a distinção se efectivaria pela análise da natureza *da responsabilidade* (ou na *natureza do facto constitutivo da responsabilidade*)[107] ou, se quisermos, na *"causa" da acção*[108]. Assumiria a modalidade de uma acção social *ut singuli* aquela que resultasse da violação, por parte do administrador, dos deveres conferidos por via do mandato, caso em que estaríamos perante a responsabilidade obrigacional. Já a acção individual seria aquela que resultaria da violação, por parte do administrador, da lei (não de um dever resultante do mandato existente

---

[104] MENEZES CORDEIRO, *Da Responsabilidade Civil*, cit., p. 112-113.

[105] MENEZES CORDEIRO, *Da Responsabilidade Civil*, cit., p. 113.

[106] MENEZES CORDEIRO, *Da Responsabilidade Civil*, cit., p. 16-17; RAUL VENTURA, BRITO CORREIA, *Responsabilidade Civil*, BMJ 192, cit., p. 113.

[107] Terminologia empregue por RAUL VENTURA e BRITO CORREIA, *Responsabilidade Civil*, BMJ 192, cit., p. 17.

[108] Terminologia utilizada por MENEZES CORDEIRO, *Da Responsabilidade Civil*, p. 113.

entre a sociedade e o administrador). Sucede, porém, que uma mesma acção do administrador pode violar simultaneamente os seus deveres que advém do mandato que o unem à sociedade e a própria lei. Teoricamente, esta solução conduzir-nos-ia a uma situação acolhedora das duas modalidades de acções – acção social *ut singuli* e acção individual – o que, certamente, representaria uma fonte de problemas.

V. Outra posição adopta, para a solução desta *vexata quaestio*, um critério que se centra na análise da *natureza do dano*[109] ou na *extensão ou diversidade do prejuízo*[110]. Na esteira deste critério, seria acção social *ut singuli* aquela que visasse a reparação de um dano da sociedade que, de forma mediata, é de todos os sócios na proporção da sua parte no capital social. Diversamente, a acção individual visaria a reparação de um dano que atingisse um sócio ou alguns sócios.

VI. Há, no entanto, uma terceira orientação, que se baseia nos princípios gerais do processo. Este critério assenta na ideia de que toda a acção visa acautelar um determinado direito e só o titular deste direito é que teria legitimidade para intentar a acção. A natureza da acção não seria afectada pelo facto de se conceder legitimidade a um terceiro. Assim, se com a acção se pretende acautelar um direito da sociedade resultante de um prejuízo causado pelo administrador e que, indirectamente, afecta igualmente o património do sócio, estaríamos perante a acção social *ut singuli*. Já quando o direito que com a acção se pretende tutelar resultasse de um prejuízo sofrido no património de um sócio, a acção seria *individual*.

VII. Como se vê, independentemente da teoria através da qual se olha para o problema, o que está em causa não é propriamente como devem os administradores actuar, mas sim quem contra eles pode actuar e em que termos. Aqui, no modelo francês de responsabilidade dos administradores analisa-se o problema numa perspectiva processual – a legitimi-

---

[109] Terminologia adoptada por MENEZES CORDEIRO, *Responsabilidade Civil*, cit., p. 113.
[110] Terminologia empregue por RAUL VENTURA e BRITO CORREIA, *Responsabilidade Civil*, BMJ 192, cit., p. 17.

dade das partes, a competência dos tribunais, as condições da acção, as causas de extinção da acção, as excepções oponíveis pelo administrador, etc[111].

28. Sistema alemão: o modelo substantivo

I. O direito alemão desenvolveu-se, no que diz respeito à responsabilidade dos administradores, numa perspectiva diferente, embora, na sua base tenha também subjacente a existência de uma relação de mandato entre a sociedade e o administrador. A ideia central já não tem cariz processual – na qual o estudo partiria das acções – mas sim substantivo, onde o estudo parte da responsabilidade que as acções visam garantir[112].

Assim, em função do sujeito activo do dever de indemnizar imputável aos administradores, a escola alemã refere-se *(i)* à responsabilidade do administrador para com a sociedade, com quem o administrador mantém uma relação de mandato, *(ii)* à responsabilidade para com terceiros e, *(iii)* à responsabilidade para com os sócios[113].

No fundo, a construção deste modelo passou pela criação e alargamento cada vez mais elaborado dos deveres dos administradores, tendo, através do AktG 1937, sido criado o *dever de cuidado*, nos termos do qual se exigia dos administradores que a sua actuação observasse o *cuidado de um director ordenado e consciencioso*[114-115]. A par deste dever, são ainda criados e desenvolvidos outros deveres específicos que, no fundo, tornam mais acessível a determinação da responsabilidade obrigacional dos administradores.

---

[111] RAUL VENTURA, BRITO CORREIA, *Responsabilidade Civil*, BMJ 192, cit., p. 18-19; MENEZES CORDEIRO, *Da Responsabilidade Civil*, cit., p. 114.

[112] RAUL VENTURA, BRITO CORREIA, *Responsabilidade Civil*, BMJ 192, cit., p. 22.

[113] Em bom rigor, como mais adiante veremos, são terceiros todos aqueles que são alheios à relação sociedade – administrador. Até porque, ainda neste modelo, houve Autores que simplesmente faziam a contraposição entre a responsabilidade civil dos administradores para com a sociedade e da mesma responsabilidade para com terceiros, estando aqui incluídos, entre outros, os sócios. Reconhece-se, todavia, uma posição especial aos sócios, dada a sua participação no capital social da sociedade. V. RAUL VENTURA, BRITO CORREIA, *Responsabilidade Civil*, BMJ 192, cit., p. 116.

[114] MENEZES CORDEIRO, *Da Responsabilidade Civil*, cit., p. 122 e ss.

[115] É esta, no fundo, a origem no nosso artigo 150, se bem que nos tenha chegado de forma indirecta, ou seja, através do artigo 64 do CSC.

II. É certo que através deste esquema proposto pelo modelo alemão, é possível fazer um paralelismo com o modelo francês. Assim, para o caso da responsabilidade dos administradores para com a sociedade, a acção competente seria a acção social *ut universi* ou a acção social *ut singuli* ou ainda a acção sub-rogatória dos credores sociais, e para as restantes – responsabilidade para com terceiros e para com os sócios – seria competente a acção individual, quer dos sócios, credores ou outros terceiros[116].

III. Chama-se, todavia, a atenção para o caso das acções sociais *ut singuli*. Nos termos do ADHGB de 1861, os administradores somente poderiam responder pelos seus actos perante a sociedade. Não se facultava, deste modo, aos sócios a possibilidade de desencadear acção de responsabilidade contra os administradores[117].

A admissibilidade desta acção só aconteceu, ainda que de forma tímida e baseada na jurisprudência, nas décadas vinte e trinta do Séc. XX "onde se concedeu provimento à actuação individual dos sócios perante a desvalorização das acções motivadas por actos ilícitos"[118] e "perante uma situação em que os administradores, faltando à verdade, causaram danos[119]. Porém, com a reforma do ADHGB em 1884 os sócios, desde que representando uma parte do capital social não inferior a 20%, passaram a beneficiar do poder de obrigar a sociedade a intentar acção de responsabilidade contra os administradores[120]. Esta percentagem foi, em 1900, reduzida para 10% com o HGB[121].

No fundo, a evolução deste modelo foi fortemente marcada por uma maior precisão dos deveres dos administradores cuja violação, quando ilícita e culposa, determinava a responsabilidade dos administradores em função do sujeito activo do dever de indemnizar.

---

[116] Neste sentido, RAUL VENTURA, BRITO CORREIA, *Responsabilidade Civil*, BMJ 192, cit., p. 23-24.

[117] Ideia fortemente sedimentada na jurisprudência desta época. Cfr. ROHG 14--Set.-1875, ROHG 23-Nov.-1875, ROHG 17-Abr.-1877, RG 30-Nov.-1938, todos citados por MENEZES CORDEIRO, *Da Responsabilidade Civil*, cit., p. 117-118.

[118] RG 10-Nov.-1926, citado por MENEZES CORDEIRO, *Da Responsabilidade Civil*, cit., p. 120-121.

[119] RG 30-Nov.-1938., citado por por MENEZES CORDEIRO, *Da Responsabilidade Civil*, cit, p. 121.

[120] Era este o sentido do art. 223 daquele instrumento normativo.

[121] § 268 do HGB.

29. Modelo adoptado por Moçambique. Modelo híbrido

I. Cada um dos modelos acabados de analisar contém, no fundo, elementos do outro. Seria, na verdade, de todo inconcebível o estudo das acções, como pretende o modelo francês, sem que esta acção se baseasse na violação de um dever por parte do administrador e, por outro lado, seria igualmente de difícil construção o estudo da responsabilidade dos administradores baseado unicamente na construção dos deveres (quer geral quer específicos) sobre os quais os administradores devem pautar a sua actuação sem que, concomitantemente, se fixassem os meios processuais de que os lesados podem lançar mãos para obterem a reposição dos seus direitos violados. No fundo, os dois modelos assentam na ideia de correspondência entre o direito e a acção, diferenciando-se, porém, no peso que cada um dá a cada um destes elementos (direito e acção). A questão é que cada um dos modelos coloca a sílaba tónica num aspecto em particular, sendo o ponto de partida do modelo francês as acções e o do modelo alemão os deveres. Há, no fundo, uma absorção dos elementos positivos de um noutro modelo, o que, aliás, se foi consolidando com a evolução que nos conduziu até aos nossos dias[122].

Estes modelos no seu estado puro e nas evoluções subsequentes influenciaram o modelo português e, por conseguinte, o moçambicano. Podemos, em bom rigor, dizer que esta influência indirecta se verificou até à aprovação do Dec-Lei n.º 2/2005, de 27 de Dezembro, que aprovou o novo Código Comercial e revogou o Código Comercial de 1888.

II. Com efeito, verifica-se no nosso direito positivo a consagração quer das acções sociais *ut universi* (artigo 162), *ut singuli* impróprias ou de grupo (artigo 163) e sub-rogatórias (n.º 2 do artigo 164), bem como das acções individuais dos credores (n.º 1 do artigo 164), dos sócios e de terceiros (artigo 165). Tal como dissemos, foram-se buscar os elementos deste modelo – francês – não directamente à doutrina e legislação francesas, mas sim, à doutrina e legislação portuguesas. Porém, ainda neste nível, em que se analisa a responsabilidade dos administradores sob o ponto de vista processual, verifica-se que o nosso legislador não acolheu as acções sociais *ut singuli* no seu estado puro, de tal modo que um só

---

[122] MENEZES CORDEIRO, *Da Responsabilidade Civil*, cit., 127-133.

sócio, independentemente da sua participação social, possa demandar os administradores para reparar os danos causados à sociedade. Optou, sim, pela atenuação que, a este nível, o modelo alemão introduziu, conferindo-se legitimidade aos sócios para recorrerem às acções sociais em função da participação social que detêm na sociedade, que, de acordo com o n.º 1 do artigo 163, está fixada no mínimo de 10% do capital social (acções de grupo ou acções sociais *ut singuli* impróprias).

III. Verifica-se igualmente uma forte enunciação de deveres aos administradores em função dos quais se determina o sujeito activo do dever de indemnizar. Prova disso é a consagração do dever de diligência previsto no artigo 150. Porém, não podemos deixar de nos referir às dúvidas que esta disposição encerra, pois, a doutrina não é unânime quanto à aceitação do mesmo como um dever propriamente dito[123]. Porém, independentemente da posição adoptada, não podemos deixar de referir que a consagração deste *dever* é resultado do labor do modelo alemão.

A par deste *dever*, outros deveres (no sentido rigoroso do termo) foram criados, desenvolvidos e imputados aos administradores.

---

[123] Já antes dissemos que, em nosso entender, não temos aqui propriamente um dever (cfr. *supra*, n° 15). Mais adiante explicaremos as razões que justificam este posicionamento (cfr. *infra*, n.º 33).

PARTE IV

RESPONSABILIDADE CIVIL DOS ADMINISTRADORES PARA COM A SOCIEDADE

CAPÍTULO I
ASPECTOS SUBSTANTIVOS

30. Considerações gerais

A relação entre a sociedade e os administradores é geradora de direitos e obrigações para ambas as partes, sendo, nesta esteira, atribuída aos administradores a função de gerir a representar a sociedade. Não se duvida da complexidade e importância inerentes a esta função, já que, independentemente do tipo societário, a vida da sociedade está entregue, em última análise, aos administradores.

A este propósito, escreve RAUL VENTURA[124] que *"(...) como administradores, eles podem dispor do trabalho de muitas pessoas, influir na produção e na distribuição de grandes massas de bens, lidar com quantias por vezes fabulosas e exercer nalguns casos fortes pressões de carácter político social. Neste contexto, a responsabilidade dos administradores pelos seus actos ilícitos constitui um incitamento importante ao exercício da administração em conformidade com a lei e uma garantia para todos os interessados, sejam sócios ou estranhos à sociedade"*.

Deste modo, a gestão e a representação da sociedade não pode ser feita à mercê da vontade dos administradores. Dá-se-lhes, é certo, uma margem de manobra e de discricionariedade, porém, temperadas com uma dose significativa de deveres legais e contratuais.

Importa, neste momento, determinar e fixar o conteúdo e alcance dos pressupostos da responsabilidade civil dos administradores de que temos vindo a tratar nesta parte do nosso trabalho. Não diferem dos pressupostos gerais, até porque, e é mesmo defensável, muitos dos resultados a que

---

[124] *Responsabilidade Civil*, BMJ 192, 1970, p. 9. Vejam-se ainda, no mesmo sentido, entre outros, MENEZES CORDEIRO, *Da Responsabilidade Civil* cit, p. 17;

as disposições especiais do Código Comercial sobre a responsabilidade civil dos administradores nos permitem chegar, são igualmente alcançáveis pelo regime geral.

Assim, tendo sempre por referência o disposto no n.º 1 do artigo 160, vamos percorrer os pressupostos de que a lei faz depender aquela responsabilidade – *facto voluntário, ilicitude, culpa, dano* e o *nexo de causalidade*. Com efeito, ainda atentos àquele preceito:

Ao facto voluntário corresponde a afirmação: *"Os administradores respondem... por actos ou omissões..."*;
A ilicitude: *"... com preterição dos deveres legais ou estatutários..."*;
A culpa: *"... salvo se provarem, que agiram sem culpa..."*;
Ao dano: *"... pelos danos..."*; e
Ao nexo de causalidade entre o facto e o dano: *"... que lhe (subentenda-se, à sociedade) causarem..."*.

31. O facto voluntário

No âmbito da responsabilidade civil, é de todo importante a existência de um comportamento humano, que se traduza numa acção ou numa omissão violadora dos deveres que lhe são impostos. Deve, assim, a acção ou omissão revelar a expressão livre da vontade do administrador, vontade que não esteja cerceada – por estado de inconsciência, coacção física, coacção moral (trata-se de uma referência exemplificativa). Assim, se, por exemplo, um administrador exercer por conta e proveito próprio determinada actividade compreendida no objecto social da sociedade, sem que tenha obtido o consentimento expresso dos sócios, a sua acção traduzirá a violação do dever de não concorrência imposto pelos artigos 324 e 428, para as sociedades por quotas e anónimas, respectivamente[125], de tal sorte que este comportamento será relevante para a imputação do dever de indemnizar a sociedade pelos prejuízos que dessa acção possam advir.

Todavia, o dano pode resultar também de um comportamento *omissivo*, solução, aliás, já consagrada no regime geral da responsabilidade civil (artigo 486 do CC). Daquilo que resulta do n.º 1 do artigo 160, bem

---

[125] Já antes dissemos que este dever estaria melhor enquadrado na Parte geral do Livro II – Sociedades Comerciais – do Código Comercial. Cfr. *supra*, n.º 17

como do regime geral da responsabilidade civil, impõe-se a necessidade da existência de um dever de praticar o acto omitido, dever esse que tenha a sua fonte, para o caso dos administradores, na lei, nos estatutos ou nas deliberações sociais[126]. Assim, exemplificativamente, se um administrador, no final de determinado exercício, não apresentar ao conselho fiscal no prazo legalmente fixado para o efeito – trinta dias antes da data prevista para a assembleia geral ordinária[127] – as contas anuais, o relatório da administração e a proposta de aplicação de resultados, estará a omitir um dever legal, sendo, neste caso, este comportamento omissivo um facto voluntário susceptível de gerar naquele (o administrador) a obrigação de indemnizar a sociedade pelos danos entretanto sofridos.

Outra consideração deve aqui ser feita: neste exercício de identificação das acções e/ou omissões derivadoras da responsabilidade civil, há que prestar atenção àquilo que correspondem os riscos próprios da actividade desenvolvida pela sociedade. Assim, as acções[128] que sejam determinadas ou sejam resultado dos riscos próprios da actividade representativa do objecto social não podem, regra geral, dar lugar a responsabilização dos administradores; de contrário haveria sempre o receio, da parte dos administradores, de praticarem actos com a celeridade que, muitas vezes, a actividade de administração exige, isto para não falar do desincentivo que representaria para a assumpção de cargos desta natureza.

32. A ilicitude

I. De um modo geral, a ilicitude *"consiste na infracção de um dever jurídico"*[129] e efectiva-se com a violação de um direito de outrem ou de qualquer disposição legal destinada a proteger interesses alheios (artigo 483, n.º 1 do CC).

---

[126] Quanto à questão das deliberações sociais enquanto fonte de obrigações, v. o n.º 3 do artigo 160, n.º 9 do artigo 323, n.º 1 do artigo 431, todos eles tratados à propósito das fontes dos deveres dos administradores. Cfr. *supra*, n.º 13.

[127] N.º 1 do artigo 172.

[128] Aqui tomamo-la em sentido amplo, abrangendo acções em sentido estrito e as omissões.

[129] Entre outros, ALMEIDA COSTA, *Direito das Obrigações.*, cit., p. 513-514.

II. No tocante à responsabilidade civil dos administradores para com a sociedade, estes deveres, cuja violação importa a ilicitude do comportamento, resultam da lei, dos estatutos ou das deliberações sociais. Já atrás identificámos com alguma expressividade os deveres gerais e específicos dos administradores e para lá remetemos[130].

Assim, é ilícito o acto do administrador que não adopta um comportamento imposto por um dever de carácter imperativo bem como a adopção de um comportamento proibido pela lei, pelos estatutos ou por uma deliberação social.

No fundo, estamos a falar do incumprimento, total ou parcial, do cumprimento defeituoso e tardio. Mas, como bem assinalam RAUL VENTURA e BRITO CORREIA, "para a inexecução ser ilícita é necessário que a execução tenha sido possível". Trata-se, no fundo, da admissão de causas de exclusão da ilicitude – "as circunstâncias que, por tirarem ao facto que ocasionou o dano a sua ilicitude, excluem a responsabilidade civil"[131] – do acto praticado pelo administrador.

III. A lei prevê determinadas situações em que os administradores não respondem civilmente, afastando-se, por conseguinte, a eventual ilicitude dos seus actos. Enumeremo-las.

Os administradores não respondem:

(i) Pelos danos resultantes de uma deliberação da administração que nela não tenham participado, nos termos do n.º 2 do artigo 160;

(ii) Pelos danos resultantes de uma deliberação que nela tenham votado vencido e não tenham participado na respectiva execução nos termos do n.º 2 do artigo 160; porém, nestes casos, os administradores devem fazer constar de acta o sentido do seu voto, sob pena de presunção de voto a favor, nos termos do n.º 2 do artigo 160;

(iii) Pelos danos resultantes de actos ou omissões que assentem em deliberação dos sócios, ainda que anulável[132], nos termos do n.º 3 do artigo 160. Porém, aqui encontramos algumas

---

[130] Cfr. *supra*, n.os 16-22.
[131] Entre outros, ALMEIDA COSTA, *Direito das Obrigações,* cit., p. 519; PESSOA JORGE, *Ensaio sobre os pressupostos da responsabilidade civil*, Lisboa, 1968, p. 153.
[132] As deliberações anuláveis vêm previstas no artigo 143.

excepções, que resultam dos casos em que o administrador execute uma deliberação aprovada com o intuito de obter, para sócios ou terceiros (incluindo ele mesmo) vantagens indevidas em prejuízo da sociedade, de outros sócios ou de credores da sociedade (é o que resulta da combinação do n.º 3 do artigo 160 e do n.º 5 do artigo 125) ou dos casos em que a deliberação tenha sido tomada por proposta dos próprios administradores (parte final do n.º 3 do artigo 160).

33. A culpa. Dever de diligência

I. De um modo geral, não basta que haja um facto voluntário (acção ou omissão derivada de um acto livre) e ilícito (que não se conforme à lei). Torna-se, ainda, necessário, como condição para a imputação do dever de indemnizar, a existência de culpa do agente[133].

Podemos, assim, definir a culpa como a *"omissão da diligência que seria exigível ao agente de acordo com o padrão de conduta que a lei impõe"*[134].

Este elemento só se torna relevante se, na análise da ilicitude, se concluir que a actuação do administrador consubstancia a violação de um dos deveres previamente determinados na lei, estatutos ou deliberações sociais (nos precisos casos admitidos no n.º 3 do artigo 160[135]). Só aí se justificará a análise da diligência que o administrador empregou na sua acção ou omissão para aferir a sua (in)conformidade com o padrão de conduta legalmente exigido.

II. A lei, na parte final do n.º 1 do artigo 160, estabelece uma *presunção de culpa* do administrador quando da sua acção ou omissão ilícita resultem prejuízos para a sociedade. Bem se compreende que assim seja, pois a sociedade (através dos sócios) não estará, em princípio, em poder

---

[133] RAÚL VENTURA, BRITO CORREIA, *Responsabilidade Civil*, cit., 26.

[134] Entre outros, MENEZES LEITÃO, *Direito das Obrigações*, cit., p. 278. MOTA PINTO, *Teoria Geral*, cit., p. 116.

[135] Num acórdão proferido a 23 de Maio de 2002, determinou o STJ que, *"o gerente só tem que provar que não teve culpa desde que se prove unicamente – como é óbvio – a violação de algum dos seus deveres legais ou contratuais, ou seja a ilicitude de uma qualquer sua conduta"*. Cfr. www.dgsi.pt

de todo o acervo de informações de que o administrador dispunha quando praticou o acto (ou deixou de praticar) do qual resultaram os prejuízos, nem mesmo do contexto em que tal decorreu. Ao contrário, para o administrador será relativamente mais fácil provar que o prejuízo não procedeu de culpa sua, dado que dispõe de todas as informações que precederam e acompanharam a prática do acto (ou a sua omissão).

Trata-se, no fundo, da reafirmação da solução prevista e aplicável ao regime geral da responsabilidade civil quando em causa esteja a análise da culpa na responsabilidade contratual[136]. Vejamos o que dispõe o n.º 1 do artigo 799 do CC:

> *"Incumbe ao devedor provar que a falta de cumprimento ou o cumprimento defeituoso não procede de culpa sua."*

Pode-se assim dizer que mesmo que o artigo 160 não determinasse essa *presunção de culpa* do administrador, sempre a ela chegaríamos dada a subsidiariedade do Código Civil em relação ao Código Comercial (artigo 7), nos termos da qual seríamos forçados a recorrer ao disposto no n.º 1 do artigo 799 do CC, que regula a falta de cumprimento no âmbito da responsabilidade contratual.

III. A consequência desta presunção de culpa imputada aos administradores é, logicamente, a *inversão do ónus de prova*[137] dos factos cons-

---

[136] A expressão *responsabilidade contratual* tem sido contestada pela doutrina, pois a obrigação daí resultante não tem a sua origem simplesmente nos contratos – como se poderia supor pela fórmula responsabilidade contratual –, podendo provir de uma fonte diversa, como o negócio unilateral ou a lei, ou ainda, como expende MOTA PINTO, da gestão de negócios. *Teoria Geral*, cit., p. 123. Assim, alguns Autores têm proposto expressões como *responsabilidade negocial* ou *obrigacional,* para as quais nós também nos inclinamos; contudo, devido à falta de tradição que as consagrem, continuaremos a adoptar a terminologia clássica e corrente, aliás, com reflexo na lei (p. ex., o artigo 45). Cfr. MENEZES CORDEIRO, *Direito das Obrigações*, vol. I, p. 273, nota 47; ANTUNES VARELA, *Das Obrigações em Geral*, Vol. I, p. 526, nota 1; ANA PRATA, *Dicionário Jurídico*, Vol. I, 5ª ed., Coimbra, p. 1300-1303; ALMEIDA COSTA, *Direito das Obrigações*., p. 493, nota n.º 1.

[137] Sobre a Prova, V., entre outros, RITA LYNCE DE FARIA, *A Inversão do ónus da Prova no Direito Civil Português*, Lex, 2001; PEDRO FERREIRA MÚRIAS, *Por Uma Distribuição Fundamentada do ónus da Prova*, Lex, 2000, HELDER MARTINS LEITÃO, *A Prova Civil no Direito Português*, Almeida & Leitão, 2008; RUI MANUEL DE FREITAS RANGEL, *O Ónus da Prova no Processo Civil*, 3ª ed., Almedina, 2006.

titutivos da culpa. Isto porque, existindo uma presunção legal de culpa do administrador, o ónus da prova desloca-se, por força do disposto no n.º 1 do artigo 344 do CC, do lesado (sociedade) para o agente causador do dano (administrador).

Convém, no entanto, não sobrevalorizar o sentido e o alcance daquela presunção. Pois se é certo que o administrador deve, querendo, provar que agiu sem culpa, de acordo com o padrão de conduta legalmente exigido, não é menos certo que a culpa não é o único pressuposto da responsabilidade civil dos administradores.

A par da culpa (presumida dos administradores), deve ainda provar-se a existência do facto voluntário, da ilicitude, do dano e do nexo de causalidade (entre o facto voluntário e o dano). Valerá, nesta matéria, o princípio geral contido no n.º 1 do artigo 342 do CC, nos termos do qual incumbe àquele que invoca um direito, *in casu* a sociedade (os sócios ou os credores da sociedade[138]), a prova dos seus factos constitutivos[139]. Nesta matéria, o princípio geral previsto determina que aquele que invoca um direito tem o ónus de o provar. É o que decorre do n.º 1 do artigo 342 do CC. Seria assim a sociedade (os sócios ou os credores da sociedade), caso invocasse um *prejuízo* sofrido como consequência de uma acção ou omissão ilícita e culposa do administrador, que estaria onerada a produzir os elementos probatórios daquele dano.

IV. Nos termos gerais, o padrão de conduta que se exige do devedor é fixado por referência à *"diligência de um bom pai de família"* em face das circunstâncias de cada caso. É o que resulta do n.º 2 do artigo 487 do CC, aplicável *ex vi* do n.º 2 do artigo 799, todos do CC.

Trata-se, com efeito, de um critério abstracto de apreciação de culpa, por contraposição à apreciação concreta[140]. Assim, a culpa é aqui aferida em função não da diligência habitual do agente (de que ele é capaz), mas

---

[138] Já atrás, quando nos referíamos aos sistemas de responsabilidade civil dos administradores, referimos que as acções sociais podem ser intentadas não só pela sociedade (acção social *ut universi*) mas também pelos sócios (acção social *ut singuli*) e pelos credores (acção sub-rogatória). Cfr. *supra*, n.º 26-28.

[139] RAUL VENTURA, BRITO CORREIA, *Responsabilidade Civil*, BMJ 193, p. 34.

[140] O Código Civil de 1867 (Código de Seabra), predecessor do actual, adoptava o critério da apreciação da culpa em concreto. Impunha-se ao mandatário, no artigo 1336, "a diligência e cuidado de que é capaz".

sim em função da diligência que um *bonus pater familias* teria se estivesse colocado na posição do agente[141].

No que diz respeito à responsabilidade dos administradores, a apreciação da culpa é feita por referência à *"diligência de um gestor criterioso e ordenado"*. Lê-se no artigo 150 o seguinte:

> *"Os administradores de uma sociedade devem actuar com diligência de um gestor criterioso e coordenado, no interesse da sociedade, tendo em conta os interesses dos sócios e dos trabalhadores".*

Trata-se de uma solução inspirada no artigo 64 do CSC que, por sinal já vinha referida no n.º 1 do artigo 17 do Dec.-Lei n.º 49 381, de 15 de Novembro de 1969[142].

No fundo, estamos perante uma bitola especial, distinta da que se exige no regime geral da responsabilidade contratual, embora a base do raciocínio seja a mesma[143] – o administrador deve actuar como um "gestor criterioso e ordenado", colocado na sua posição (dispondo de todas as informações de que o administrador dispunha), actuaria. Temos, por conseguinte, uma dicotomia administrador real – administrador-tipo, que define as directrizes para a apreciação do juízo de censura do administrador.

Parte-se, por conseguinte, da conduta do administrador, não para aferir o que ele teria feito se se tivesse empenhado como normalmente se empenha (análise concreta da culpa), mas sim para aferir o que um "gestor criterioso e ordenado", perante as circunstâncias em que o administra-

---

[141] Entre outros, RAÚL VENTURA, BRITO CORREIA; *Responsabilidade Civil*, cit., p. 95 e ss.

[142] É o diploma que promulgou o já revogado regime jurídico de fiscalização das sociedades Anónimas (DG n.º 268, I Série, de 15de Novembro), e que foi tornado extensivo às províncias ultramarinas pela Portaria n.º 352/70, de 13 de Julho

[143] Neste sentido, BRITO CORREIA, *Os Administradores*, cit., p. 599-600. "... *enquanto a diligência exigível do mandatário, de um prestador de serviços e até, com alguns elementos específicos, do trabalhador subordinado é a de 'um bom pai de família', a exigível de um administrador é a de 'um gestor criterioso e ordenado'.*

Sendo evidente que não é exigível de um bom pai de família tanto como de um 'gestor criterioso e ordenado', é claro que existe aqui uma diferença entre as figuras referidas. É uma diferença cujos limites se torna difícil recortar na generalidade, visto que se trata de critérios gerais e vagos, a concretizar por via casuística. Mas é uma diferença que passa as fronteiras de um mero aspecto secundário de regime para atingir o núcleo de cada uma das figuras a que se refere."

dor se encontrava, teria feito (critério de aferição da culpa em abstracto)[144].

V. Todavia, este padrão de conduta exigível aos administradores, determinado em função do modelo da diligência de um gestor criterioso e ordenado, deve ser aferido em função do *tempo* e do *espaço*.

Com efeito, será necessário analisar se a diligência que o administrador empregou na sua acção ou omissão corresponde ou não àquela que um gestor criterioso e ordenado, daquele tempo, colocado na sua posição, empregaria.

A análise da culpa deve, por este motivo, reportar-se à data dos factos e não à data em que os mesmos são analisados, pois, muitas vezes, dada a morosidade processual presente na administração da justiça, muito tempo se pode passar e, com ele, evoluir a ideia do gestor criterioso e ordenado.

Em sentido paralelo, a análise dos factos geradores de responsabilidade civil imputados aos administradores, por referência ao modelo do gestor criterioso e ordenado, deve igualmente tomar em conta o lugar em que os mesmos ocorreram. Pois o conteúdo deste modelo pode, à semelhança do que vimos anteriormente, também variar de lugar para lugar, em função de um conjunto de elementos que concorrem para a formação daquele modelo. Pense-se, por exemplo, nos administradores de uma sociedade que tenha a sua sede ou delegação num determinado Distrito que não tem acesso directo aos Boletins da República (jornal oficial do Estado) – por nele não existir uma delegação da Imprensa Nacional (órgão responsável pela publicação dos BR´s) e/ou por não ter acesso à *internet*, situações que, aliás, são vividas neste vasto Moçambique. Estes podem provocar danos na esfera jurídica da sociedade, danos esses resultantes, por hipótese, da preterição de determinados deveres legais. Ora, é certo que, entre nós, vigora o princípio da irrelevância do desconhecimento ou da má interpretação da lei (artigo 6 do CC), mas, nem por isso, na análise da culpa, cuja dosagem determinará o quantitativo indemnizatório, se deve deixar de idealizar o modelo do gestor criterioso e ordenado dando relevância ao lugar em que os factos ocorreram. Com efeito, a ideia de um gestor criterioso e ordenado de um Distrito nas condições acima descritas será certamente diferente daquela que teríamos se os factos tivessem sido

---

[144] BRITO CORREIA, *Os Administradores*, cit., 596.

praticados numa cidade como a de Maputo (em que aquelas condições estão presentes). Caso assim não seja, corre-se o risco de se cometerem injustiças, tratando por igual situações claramente distintas e que deveriam merecer tratamento diferenciado.

VI. No entanto, a epígrafe do artigo 150 – *dever de diligência* – pode prestar-se a problemas. Isto porque, sendo certo que dele resulta um critério de aferição de culpa, também se coloca a questão de saber se aquele *dever de diligência* é passível de, por si mesmo, fundamentar um juízo de ilicitude.

A questão é discutida na doutrina portuguesa, que muito de perto seguimos em vários domínios do Direito, por referência ao artigo 64 do CSC, e está longe, julgamos, de ser pacífica.

VII. A este propósito, MENEZES CORDEIRO entende que o artigo 64 do CSC contém também elementos de ilicitude, se bem que de forma incompleta, ou seja, este Autor começa por considerar que esta disposição contém um dever genérico para os administradores de tal forma que para fundamentar um juízo de ilicitude deve ser conjugado, casuisticamente, com outros deveres específicos[145]. Solução muito próxima é avançada por CARNEIRO DA FRADA que, admitindo a existência de um dever genérico, vê também nesta disposição uma fonte de ilicitude, de tal forma que onde determinada obrigação não esteja protegida por um dever específico, poderíamos recorrer a este princípio contido no artigo 64 do CSC[146].

---

[145] MENEZES CORDEIRO, *Da Responsabilidade Civil*, cit., p. 40, nota 21, p. 496-497 e 522.

[146] Afirma CARNEIRO DA FRADA, in *"A Responsabilidade dos Administradores na Insolvência"*, http://www.oa.pt/Conteudos/Artigos/detalhe_artigo.aspx?idc=30777&idsc=50879&ida=50916, consultado em 3 de Abril de 2010, que: *"Esta disposição é central porque se repercute nos diversos planos em que se coloca a responsabilidade dos administradores, seja esta objecto ou não de previsão específica. (...) A sua relevância deriva de nela se conter um padrão, não apenas de culpa, mas, desde logo, de ilicitude, susceptível de integrar normas de responsabilidade civil referidas e de lhes precisar o alcance. Com efeito, a diligência de um gestor criterioso e ordenado corresponde a um escalão abstracto e genérico de conduta, estabelecido por aquilo que é em média exigível a quem administra, e, por isso, apronta um critério independente de saber se o concreto gerente ou administrador podia em certa situação específica observá-lo, em termos de ser susceptível, se não o fez, de uma censura pessoal. O art. 64 não é uma pura norma de enquadramento, insusceptível de violação e sem possibilidade de, conjugada com outras normas, determinar consequências jurídicas".*

VIII. Já RAUL VENTURA e BRITO CORREIA começam por referir que o dever de diligência previsto no artigo 64 do CSC nos remete para a questão da apreciação da culpa em abstracto, tomando como referência, para a apreciação da culpa do administrador, a figura do "gestor criterioso e ordenado". Partindo deste pressuposto, entendem que "... quando se analisa a 'culpa' de certo agente em abstracto, o que se faz é verificar, perante certo acto, se o agente se comportou ou não de acordo com certa norma que se toma como modelo (a norma seguida pelo bom pai de família, por exemplo). Ora, este é o tipo de raciocínio característico do juízo de ilicitude, não do juízo de culpabilidade. (...) Ao dizer que a culpa se aprecia em abstracto, segundo a diligência de um bom pai de família, isso significa apenas, no conceito comum, que o agente deve actuar do mesmo modo que actua um bom pai de família. Se não actuar desse modo – quer dizer, se o acto não corresponder ao devido – então o seu acto é ilícito. E só por uma posterior análise é possível dizer se o agente teve culpa: porque, por exemplo, sendo imputável, conhecia o seu dever e, apesar disso, quis actuar contra ele"[147].

IX. Uma terceira orientação[148] é-nos apresentada por ANTUNES VARELA, que considera que o artigo 64 do CSC reporta-se unicamente à culpa, sendo a ilicitude um elemento que não encontra guarida nesta disposição. Em parecer elaborado a propósito do caso da privatização da Sociedade Financeira Portuguesa, referiu este Autor que aquela disposição reflecte um "preceito bastante genérico e impreciso, mais retórico que realista, destinado a definir o grau de diligência exigível aos responsáveis pela gestão nas sociedades, capaz de interessar ao requisito da culpa, (que) não afasta o requisito da ilicitude requerida da conduta desses agentes"[149].

X. Chegados a este ponto, cumpre-nos tomar posição.
A solução apresentada por MENEZES CORDEIRO parece encontrar apoio na letra da epígrafe do artigo (dever de diligência). Porém, julgamos que ela apresenta alguns problemas que a enfraquecem. Isto porque,

---

[147] RAUL VENTURA, BRITO CORREIA, *Responsabilidade Civil*, cit., BMJ 192, p. 95--97; BRITO CORREIA, *Os Administradores*, cit., p. 596-597.
[148] A numeração não é aqui apresentada cronologicamente.
[149] In "Anotação ao Acórdão do Tribunal Arbitral de 31 de Maio de 1993", *Revista de Legislação e Jurisprudência*, ano 126, n.º 3835, p. 315.

segundo este Autor, este dever só terá consistência quando conjugado com outros deveres específicos, de tal forma que só poderemos falar da sua violação se outros deveres (específicos) tiverem simultaneamente sido violados. Ora, se assim é torna-se irrelevante recorrer ao artigo 64[150] do CSC, pois, bastará o dever específico para fundamentar o juízo de ilicitude[151]. E mais, caso se não vislumbre a violação de qualquer dever específico, de nada valerá a referência àquele dever de diligência[152].

Quanto ao posicionamento de CARNEIRO DA FRADA, julgamos que nos remete para um problema de indefinição dos deveres dos administradores. É que se os administradores estão obrigados a cumprir perante a sociedade os deveres legais e contratuais, como é que se explicaria que subjacente a esta relação existissem deveres indefinidos. A indefinição dos deveres conduzir-nos-ia, com maior ou menor gravidade, a uma situação de insegurança jurídica. Até porque a responsabilidade contratual, modalidade na qual a responsabilidade dos administradores para com a sociedade se enquadra, tem na sua base a ideia de que os deveres estão previamente definidos, importando a sua violação a tal responsabilidade. Não nos parece, por este motivo, de aceitar esta tese de ilicitude, baseada na ideia de que onde determinada obrigação não esteja protegida por um dever específico, poderíamos recorrer a este princípio contido no artigo 64 do CSC.

Quanto à segunda orientação, RAUL VENTURA e BRITO CORREIA parecem ver nesta disposição um verdadeiro dever passível de violação só por si, independentemente da existência de outro dever que tenha sido violado. Ora, não nos parece correcta esta posição, pois, parece-nos impossível afirmar que determinado administrador não agiu como um "gestor criterioso e ordenado" agiria sem que nos reportássemos a um dever específico. No fundo, esta solução debater-se-ia com a impossibilidade prática que MENEZES CORDEIRO avança em relação à violação do dever de diligência só por si. É que não seria possível determinar se o administrador agiu de acordo com o dever de diligência sem que se tomasse em referência um dever propriamente dito.

Assim, e salvaguardando o devido respeito, a tese da ilicitude defendida por estas teorias parece-nos não ser de aceitar.

---

[150] Aliás, a este recorreriamos para a averiguar a existência da culpa.
[151] FILIPE VAZ PINTO, MARCOS KEEL PEREIRA, *A Responsabilidade Civil*, cit., p. 15.
[152] FILIPE VAZ PINTO, MARCOS KEEL PEREIRA, *A Responsabilidade Civil*, cit., p. 15.

Já a posição defendida por ANTUNES VARELA parece encontrar apoio nas dificuldades acima avançadas. Com efeito, quando o Legislador estabelece, na al. a) do n.º 1 do artigo 64 do CSC, que "os gerentes ou administradores *devem observar* deveres de cuidado, ... empregando nesse âmbito a diligência de um gestor criterioso e ordenado", parece estar subentendido que esse dever deve ser observado no cumprimento dos seus deveres legais ou contratuais, ou seja, trata-se de uma bitola que deve ser tomada em consideração pelos administradores no cumprimento de todos os deveres legais e contratuais. Assim, não tendo sido observado aquele padrão de conduta no cumprimento de um dever propriamente dito, o mesmo servirá para aferir a sua culpa, mas já não a ilicitude (porque esta resulta da violação do dever propriamente dito). É esta a solução que nos parece possível retirar do artigo 64 do CSC.

Esta solução é a que, dada a identidade que o artigo 64 do CSC apresenta nesta matéria com o artigo 150, no qual vem previsto o dever de diligência, parece ser de aplicar ao nosso caso. Vemos, deste modo, no artigo 150 (por tudo quanto se disse em relação ao artigo 64 do CSC) um *critério de aferição de culpa*, mas já não uma fonte de ilicitude.

XI. A parte final do artigo 150 refere que o dever de diligência exigível dos administradores deve ser dirigido "no interesse da sociedade, tendo em conta os interesses dos sócios e dos trabalhadores"[153].

Já o dissemos antes, e justifica-se a sua repetição pela semelhança que nesta matéria o nosso ordenamento revela em relação ao português, que a primeira parte deste artigo corresponde ao n.º 1 do artigo 17 do Dec.-Lei n.º 49 381, de 15 de Novembro de 1969. Foi, diga-se, em termos muito próximos do que nesta disposição vem previsto, que se apresen-

---

[153] Quando foi aprovado o CSC, através do Dec.-Lei n.º 262/86, de 2 de Setembro, o artigo 64 do CSC dispunha no mesmo sentido. Porém, o Dec.-Lei n.º 76A/2006, de 29 de Março, alterou aquela disposição, passando a ter a seguinte redacção:
"1. Os gerentes ou administradores da sociedade devem observar:
a) deveres de cuidado, revelando a disponibilidade, a competência técnica e o conhecimento da actividade da sociedade adequados às suas funções e empregando nesse âmbito a diligência de um gestor criterioso e ordenado; e,
b) deveres de lealdade, no interesse da sociedade, atendendo aos interesses de longo prazo dos sócios e ponderando os interesses dos outros sujeitos relevantes para a sustentabilidade da sociedade, tais como os seus trabalhadores, clientes e credores."

tou o Projecto do CSC[154]. A introdução da referência ao *"... interesse da sociedade tendo em conta o interesse dos sócios e dos trabalhadores"* deve-se a BRITO CORREIA que, já na parte final da elaboração do Projecto do CSC a incluiu[155], inspirado no § 70 do AktG de 1937[156] e no § 76 do AktG de 1965[157] (o que é contestado por MENEZES CORDEIRO[158]), e na *al. a)* do artigo 10 da proposta modificada da 5ª Directiva da CEE[159].

Coloca-se, no fundo, a questão de determinar o sentido e alcance de cada um destes interesses (da sociedade, dos sócios e dos trabalhadores) que os administradores devem acautelar no âmbito da gestão e representação da sociedade. Trata-se, com efeito, de determinar o sentido em que deve ser desenvolvido o esforço do administrador quando actue no cumprimento dos seus deveres, em conformidade com a diligência que se lhe exige[160].

O grande problema que aqui se coloca é o de delimitar o interesse da sociedade ou social, e, por conseguinte, distingui-lo do interesse dos sócios, e, mais adiante, do dos trabalhadores.

RAUL VENTURA e BRITO CORREIA avançam duas posições doutrinárias nas quais se subsumem outras que tem em vista determinar o sentido e alcance do interesse. Deste modo, referem-se à teoria *contratualista* e à teoria *institucionalista*[161]. De acordo com a primeira o interesse social é

---

[154] *Código das Sociedades Comerciais (Projecto)*, BMJ n.º 325, p. 107. No fundo, a única diferença que o n.º 1 do artigo 92 do Projecto apresentava em relação ao n.º 1 do artigo 17 do Dec.-Lei n.º 49 381, de 15 de Dezembro de 1969, é que, naquele o dever de diligência era imputado não só aos administradores, mas também aos gerentes e directores.

[155] BRITO CORREIA, *Direito Comercial*, Vol. II, cit., p. 49; MENEZES CORDEIRO, *Da Responsabilidade Civil* cit., p. 518.

[156] BRITO CORREIA, *Os Administradores*, cit., p. 602, nota 17.

[157] BRITO CORREIA, *Direito Comercial*, Vol. II, cit., p. 49.

[158] MENEZES CORDEIRO, *Da Responsabilidade Civil*, cit., 518-519. Afirma este Autor que: *"o § 76, do AktG1965, nada tem a ver com o tema* (no mesmo sentido, COUTINHO DE ABREU, *Da Empresarialidade (As Empresas no Direito)*, Coimbra, 1994, p. 226, nota 590), *enquanto o § 70, do AktG 1937 dispunha: A direcção deve conduzir a sociedade sob a sua própria responsabilidade, tal como o requeiram o bem da empresa e do seu pessoal e a utilidade comum do povo e do Reich.(...) o § 70... também não contrapõe os interesses dos sócios ou da sociedade."*

[159] BRITO CORREIA, *Os Administradores*, cit., nota 17, p. 602.

[160] RAUL VENTURA, BRITO CORREIA; *Responsabilidade Civil*, BMJ 192, cit., p. 101 e ss.

[161] RAUL VENTURA, BRITO CORREIA; *Responsabilidade Civil*, BMJ 192, cit., p. 101 e ss. BRITO CORREIA, *Direito Comercial*, Vol. II, cit., p. 32-33.

definido como o interesse colectivo ou comum dos sócios[162] enquanto que nos termos da segunda teoria, o interesse social reporta-se não só aos sócios, mas também ao de outras pessoas[163].

O artigo 64 do CSC e, a reboque, o artigo 150, não tem permitido um entendimento uniforme. Porém, a generalidade da doutrina portuguesa identifica o interesse da sociedade com o interesse comum dos sócios, abraçando, deste modo, a teoria contratualista[164]. Mas, ainda assim, nem todo o interesse comum deve ser equiparado ao interesse social. Ora, há que concretizar qual o sentido e alcance do interesse da sociedade, pois a sociedade, em si considerada, não tem vontade alguma – ela carece de pessoas que a exteriorizem.

Assim, sem pretender abrir aqui um portal para grandes divagações a este respeito, entendemos que deverá ser tomado como interesse social aquele interesse comum dos sócios para cuja satisfação a sociedade foi constituída, sendo essencial, nesta ordem de ideias, aquilo que, momente em termos de definição dos fins da sociedade, consta dos estatutos, mas já

---

[162] Ainda aqui, na teoria contratualista, a determinação do interesse colectivo ou comum dos sócios não é feita de forma cristalina. Duas orientações têm sido avançadas para a determinação daquele interesse. Uma primeira é que considera o **interesse social como interesse comum dos sócios**, donde emergem quatro correntes (a *primeira* considera como interesse social o interesse comum dos sócios actuais e futuros ou eventuais; a *segunda* considera comum o interesse dos sócios actuais, excluindo o interesse dos sócios futuros ou eventuais; a *terceira* que considera que o interesse comum e colectivo dos sócios é o interesse do sócio médio; e a *quarta* que reconduz o interesse comum à ideia dos interesses concretos, individuais, de cada um dos sócios) e a outra toma o **interesse social como resultado da solidariedade de quaisquer interesses individuais dos sócios** V. BRITO CORREIA, *Direito Comercial*, cit., p. 33-40.

[163] Distinguem-se, nesta teoria, quatro correntes: a teoria da empresa em si, a teoria da pessoa em si; a teoria do organismo vivo e a teoria francesa da instituição. V. RAUL VENTURA, BRITO CORREIA, *Responsabilidade Civil*, BMJ 192, cit., p. 101; BRITO CORREIA, *Direito Comercial*, cit., p. 41-48.

[164] MENEZES CORDEIRO, *Da Responsabilidade*, cit., p. 519; RAUL VENTURA, BRITO CORREIA, *Responsabilidade Civil*, BMJ 192, cit., p. 101; BRITO CORREIA, *Os Administradores*, cit., p. 602; BRITO CORREIA, *Direito Comercial*, Vol. II., cit., p. 33 e ss; MENEZES LEITÃO, *Pressupostos da Exclusão de Sócio nas Sociedades Comerciais*, Lisboa, 1989, nota 37, p. 39; PEDRO DE ALBUQUERQUE, *Direito de Preferência dos Sócios em Aumentos de Capital nas Sociedades Anónimas e Por Quotas*, Coimbra, 1993. De acordo com BRITO CORREIA, é esta também a orientação da doutrina italiana. *Direito Comercial*, vol. II, cit., p. 33

não os interesses extra-sociais dos sócios[165]. Contudo, tal como decorre do artigo 150, este interesse da sociedade, ou dos sócios, deve ser temperado, na actuação dos administradores, com o interesse dos trabalhadores, principalmente quando se tratem de matérias que os possam afectar. No fundo, a legislação laboral já determina uma série de normas que visam a protecção dos trabalhadores, mas, ainda assim, só casuisticamente é que os interesses dos trabalhadores deverão ser considerados.

No fundo, nesta contraposição resultante dos deveres que os administradores devem tomar em consideração na gestão da sociedade deve ser privilegiado o equilíbrio. Será, julgamos, muito difícil, na prática, alcançar o tão desejado equilíbrio, pois a própria criação da sociedade é precedida de uma vontade dos sócios dirigida à satisfação de interesses privados, mormente a obtenção do lucro, o que, muitas vezes, conflituará frontalmente com os interesses dos trabalhadores.

Outro aspecto importante que pode condicionar este equilíbrio é o facto de o administrador encontrar-se juridicamente vinculado à sociedade (onde, em bom rigor, se corporiza o interesse dos sócios) e de a permanência do seu cargo estar muitas vezes dependente da confiança que os sócios nele depositam. Assim, um administrador que muito toma em consideração os interesses dos trabalhadores, mesmo quando esta atitude represente um equilíbrio com os interesses dos sócios, será, dada a motivação principal da sociedade (obtenção do lucro), menos desejável, pois a ideia da minimização dos custos para, com isso, se alcançar a maximização do lucro (por detrás aliás das sociedades comerciais) poderá ficar muitas vezes comprometida com aquela actuação.

Em todo o caso, e até porque a responsabilidade dos administradores não existe só perante a sociedade, mas também perante terceiros (aqui tomados em sentido amplo), incluindo os trabalhadores, aquele dever de diligência em atenção aos interesses dos sócios e dos trabalhadores – cujo equilíbrio só pode ser alcançado casuisticamente – será sempre exigível dos administradores[166].

Em suma, os administradores, no âmbito do dever de diligência, devem actuar no interesse da sociedade, enquanto interesse comum a todos os sócios e trabalhadores, de tal forma que, por exemplo, o objectivo de cumprir o interesse da sociedade, nomeadamente a obtenção de

---

[165] BRITO CORREIA, *Direito Comercial*, vol. II, cit., p. 51 e ss.
[166] MENEZES CORDEIRO, *Da Responsabilidade Civil*, cit., p. 522-523

lucro, não seja levado a um extremo tal que impeça que os interesses dos sócios e dos trabalhadores sejam considerados nas decisões empresariais (*v.g.*, as condições de trabalho).

XII. Convém, no entanto, sublinhar que o administrador, no exercício das suas funções, só poderá ser civilmente responsabilizado pelos riscos resultantes de uma gestão negligente, não devendo ser responsabilizado pelos riscos próprios da gestão, associados à vida corrente da actividade societária, pois, de contrário, os administradores, sempre que colocados perante a perspectiva de virem a ser responsabilizados pelo insucesso de determinada medida necessária para a gestão da sociedade, cujos efeitos seriam impossíveis de prever com um grau de certeza elevado, escolheriam não adoptar essa medida, no intuito de salvaguardar a sua posição e, consequentemente, livrarem-se de uma eventual responsabilização civil[167].

Na verdade, toda e qualquer actividade comercial comporta certos riscos que lhe são próprios[168], não sendo justificável que a sua verificação possa conduzir à responsabilização dos administradores. Podemos, é claro, nestes casos, falar de uma boa ou má administração, mas nada mais. A acção ou omissão que releva para o presente estudo deve sempre ser aferida não em função do mérito ou demérito da gestão, mas sim em função da violação de deveres legais ou estatutários resultantes da acção ou omissão dos administradores. Se assim não fosse, a administração das sociedades seria indubitavelmente uma actividade de alto risco, fonte de insegurança jurídica, pois bastaria que o administrador não conseguisse produzir lucros para a sociedade para que, de seguida, fosse responsabilizado pelo acto, ainda que não tivesse violado nenhum dever legal ou estatutário.

XIII. Outra questão que julgamos de enorme importância é a que resulta da prática da gestão das sociedades. Com efeito, tem-se verificado, cada vez com maior frequência, a coexistência na administração das

---

[167] CARNEIRO DA FRADA, in *A Responsabilidade*, cit.; MENEZES CORDEIRO, *Da Responsabilidade Civil*, cit. p. 522-523.

[168] Por exemplo, a sociedade que tem como objecto social a venda de mobiliário de escritório corre o risco, próprio do negócio, de não conseguir vender o referido produto, ou, vendendo, não alcançar as quantidades pretendidas.

sociedades, principalmente anónimas, de *administradores executivos* e *não executivos*, ficando sob a responsabilidade daqueles a gestão e a representação diária da sociedade. Trata-se, com efeito, de uma realidade que não é exclusiva de Moçambique[169]. No entanto, o facto de o administrador não executivo estar, em certa medida, desligado da gestão diária da sociedade pode mesmo, em certos casos, representar omissão do cumprimento dos deveres que lhe são impostos, mormente o padrão de conduta que lhe é exigido (no sentido de dever actuar com a diligência de um gestor criterioso e ordenado).

XIV. Determinado que foi o sentido e alcance do artigo 150, do qual se retira um critério de aferição de culpa, coloca-se a questão de saber se o mesmo juízo de censurabilidade deve ser efectuado em relação aos gerentes e procuradores em quem os administradores ou os sócios tenham delegado poderes ao abrigo do n.º 2 do artigo 151.

O problema coloca-se porque o legislador em momento algum refere que aquele critério de aferição de culpa é extensível aos gerentes e procuradores. Ora, não nos parece que o legislador tenha pretendido impor a estas figuras o dever que fixou em relação aos administradores. Socorremo-nos, a este respeito, da experiência evolutiva do Direito Português.

O n.º 1 do artigo 17 do Dec.-Lei n.º 49 381, de 15 de Dezembro de 1969, impunha este dever de diligência aos administradores. Porém, o disposto no artigo 25 do mesmo diploma permitia que aquele dever fosse exigível igualmente dos gerentes, procuradores e de quaisquer pessoas a quem fossem confiadas funções de gestão e representação da sociedade. Dispunha este preceito que:

> "*As disposições respeitantes à responsabilidade dos administradores aplicam-se a outras pessoas a quem sejam confiadas funções de administração.*"

Com esta disposição, dissipavam-se, neste diploma, as dúvidas que acima expusemos relativamente aos gerentes e procuradores.

Com a evolução legislativa, Portugal conheceu uma profunda alteração no seu direito societário resultante da aprovação do CSC. Neste

---

[169] É assim também em Portugal, por exemplo.

Código, o artigo 64 dispôs, sem recurso a remissões, que "os gerentes, administradores ou directores de uma sociedade devem actuar com a diligência de um gestor criterioso e ordenado..."[170].

Estas premissas levam-nos a concluir, sem qualquer margem para dúvidas, que a diligência de um gestor criterioso e ordenado é exigível, no domínio da legislação portuguesa, a todos aqueles que assumam cargos de administração.

O mesmo já não se pode dizer do que se extrai do nosso Código Comercial. Com efeito, não há aqui nenhuma referência expressa da qual resulte a imputação aos gerentes e procuradores, no sentido de agirem, no cumprimento dos seus deveres legais ou estatutários, com a diligência de um gestor criterioso e ordenado. O legislador também não cuidou de prever uma disposição na qual, à semelhança do artigo 25 Dec.-Lei n.º 49 381, de 15 de Dezembro de 1969, se remetesse o regime aplicável aos gerentes, procuradores e directores, ao que estivesse disposto para os administradores.

Aliás, a única referência que encontramos no Código Comercial, próxima da questão que agora se discute, reside no n.º 1 do artigo 166, no qual se dispõe que:

"As disposições constantes dos artigos 160 a 165 aplicam-se, com as necessárias adaptações, aos gerentes e procuradores da sociedade."

Não consta daquela disposição, e isto é claro e inequívoco, uma remissão para o artigo 150, remissão essa que nos permitiria concluir, sem forçar o raciocínio hermenêutico, pela exigibilidade daquele dever de diligência aos gerentes e procuradores.

Perante o exposto, há que precisar em que termos será aferida a culpa dos gerentes e procuradores quando das respectivas acções ilícitas resultem danos para a sociedade.

O regime previsto no n.º 1 do artigo166 (responsabilidade dos gerentes, procuradores...) lança algumas premissas que julgamos importantes para a solução deste problema. Esta disposição manda aplicar aos gerentes e procuradores, *mutatis mutandis*, as disposições aplicáveis à responsabilidade civil dos administradores das sociedades comerciais. Ou seja,

---

[170] Já o dissemos anteriormente que a inclusão dos *"gerentes"* e *"directores"*, ao lado dos *"administradores"*, ficou a dever-se a BRITO CORREIA, o que ocorreu na fase final da revisão do Projecto do CSC.

respondem perante a sociedade (bem como perante terceiros) nos mesmos termos que os administradores (artigos 160 a 165). Ora, julgamos, se os requisitos exigidos no âmbito da responsabilidade civil dos administradores quer a nível substantivo quer a nível processual[171], para a imputação aos administradores do dever de indemnizar, são os mesmos que se exigem dos gerentes e procuradores, – até porque estes mais não fazem senão, em menor medida, aquilo que se exige dos administradores: gerir e representar (mediante autorização, é claro, dos administradores ou da assembleia geral[172]) – então parece-nos que se justifica aqui o recurso ao padrão de conduta exigível aos administradores (artigo 150) como meio adequado para integrar a lacuna que, nesta área, se verifica em relação aos gerentes e procuradores. Esta é a solução que julgamos mais adequada ao caso *sub judice*.

Mas, confessamos, a mesma força que os argumentos acima aparentam ter, pode ser abalada se tomarmos em conta a evolução que nesta matéria o nosso direito[173] conheceu. Com efeito, o facto de, tal como já dissemos, o regime jurídico anterior ao actualmente em vigor impor, pela conjugação dos artigos 25 e n.º 1 do artigo 17, todos do Dec.-Lei n.º 49 381, de 15 de Novembro de 1969, como padrão de conduta imputável aos gerentes e procuradores (bem como todos os outros a quem fossem confiadas funções de administração) a bitola do gestor criterioso e ordenado e, no actual Código Comercial ter desaparecido aquela referência, pode querer significar que o legislador resolveu onerar simplesmente os administradores àquele padrão de conduta.

Deste modo, aos gerentes e procuradores seria exigida a diligência de um *bom pai de família*, nos termos do regime geral da responsabilidade civil decorrente do n.º 2 do artigo 487 conjugado com o n.º 2 do artigo 799, todos do CC[174].

---

[171] É, no fundo, o que se retira dos artigos 160 a 165.

[172] Já nos pronunciamos contra o poder conferido aos sócios de designarem gerentes ou procuradores para auxiliar os administradores.

[173] Em bom rigor, trata-se da evolução do Direito Português aplicável a esta matéria, pois quer o Código de Veiga Beirão quer o Dec.-Lei n.º 49 381, de 15 de Dezembro de 1969, foram por nós acolhidos por não contrariarem a nossa CRPM de 1975. Deste assunto já nos ocupamos atrás.

[174] BRITO CORREIA, *Os Administradores*, cit., p. 597, parece acolher este entendimento.

34. Dano e nexo de causalidade

Essencial é também que se verifique um dano na esfera jurídica da sociedade, seja de carácter patrimonial ou não patrimonial. Tanto é assim que a obrigação de indemnizar imputável aos administradores visa exactamente reparar esses prejuízos.

Recorre-se, dada a falta de regulamentação especial nesta matéria, ao regime geral da responsabilidade civil, imputando-se aos administradores a obrigação de reconstituir a situação que existiria se não tivesse ocorrido o evento lesivo (artigo 562 do CC), ressarcindo a sociedade dos danos emergentes e dos lucros cessantes (n.º 1 do artigo 564 do CC)[175].

Entre a acção (ou omissão) do administrador e o resultado danoso deve existir uma ligação *causa-efeito*, de tal forma que aquele só será responsabilizado se o facto voluntário, ilícito e culposo for idóneo, em condições normais, para causar o prejuízo sofrido. Valem aqui as considerações relativas à teoria da causalidade adequada[176].

Sob pena de nos desviarmos para uma abordagem cuja sede própria se situa no domínio do regime geral da responsabilidade civil, contentar-nos-emos com estas breves referências, remetendo para aquele foro toda e qualquer análise que se pretenda profunda em relação àqueles elementos.

---

[175] A obrigação de indemnização, estabelecida nestes termos, é designada por teoria da diferença; cfr. ANTUNES VARELA, *Das Obrigações em Geral*, Vol. I, cit., p. 906 e ss.

[176] Não é, nos dias que correm, defensável a teoria da *conditio sine qua non* ou da equivalência das condições, nos termos da qual "causa do prejuízo é qualquer das condições que lhe deram origem; cfr. ANA PRATA, *Dicionário Jurídico*, cit, p. 1404.

"De acordo com a doutrina da **causalidade** adequada, consagrada no artigo 563.º do Código Civil, o facto gerador do dano só pode deixar de ser considerado sua causa adequada se se mostrar inidóneo para o provocar ou se apenas o tiver provocado por intercessão de circunstâncias anormais, anómalas ou imprevisíveis"; cf. Ac. do STJ de 13 de Março de 2008: *in* http://www.dgsi.pt/jstj.nsf/954f0ce6ad9dd8b980256b5f003fa814/41057db123ca91e18025740b004b9854?OpenDocument&Highlight=0,NEXO,CAUSALIDADE,INDEMNIZAÇÃO

CAPÍTULO II
FACTOS EXTINTIVOS DA RESPONSABILIDADE DOS ADMINISTRADORES

35. Prescrição

I. Este direito da sociedade e dos sócios contra o administrador prescreve[177], regra geral, no prazo de cinco anos[178], conforme o estabelecido no n.º 1 do artigo 252.

Excepcionalmente, se o facto do administrador do qual decorre a sua responsabilidade civil para com a sociedade corresponder não só um ilícito civil mas também de ordem criminal, e o prazo de prescrição do procedimento criminal for aqui mais longo, será este, de acordo com o previsto no n.º 5 do artigo 252, o prazo a ser aplicado. Esta solução de alargamento do prazo já havia sido afirmada no regime geral de responsabilidade civil (n.º 3 do artigo 498 do CC).

---

[177] Para mais desenvolvimentos sobre a prescrição, v., entre outros, MANUEL DE ANDRADE, *Teoria Geral*, Vol. II, cit., p. 445 e ss; CARVALHO FERNANDES, *Teoria Geral*, Vol. II, cit., p. 647 e ss; MOTA PINTO, *Teoria Geral*, cit., p. 373 e ss; PIRES DE LIMA, ANTUNES VARELA, *Código Civil Anotado*, Vol. I, cit., p. 194 e ss; ANA FILIPA MORAIS ANTUNES, *Prescrição e Caducidade - Anotação aos artigos 296.º a 333.º do Código Civil ("O tempo e sua repercussão nas relações jurídicas")*, Coimbra Editora, Coimbra, 2008.

[178] Era este o prazo que se previa no n.º 4 do artigo 19 do Dec.-Lei n.º 49 386, de 15 de Novembro de 1969, para a prescrição da acção de responsabilidade civil no âmbito das sociedades anónimas. Quanto aos restantes tipos societários, aplicar-se-ia, em princípio, igualmente o prazo de cinco anos tal como decorre do artigo 150 do C. Com de 1888 – para lá remetia o artigo 31 da LSQ, não se estabelecendo, em relação a este tipo societário, nenhum regime especial. Dissemos (antes) em princípio porque esta disposição faz depender a sua aplicação "se houverem sido feitos os registos e publicações previstos neste Código"; de contrário, recorrer-se-ia aos prazos gerais do Código Civil. V. RAUL VENTURA, BRITO CORREIA, *Responsabilidade Civil*, cit., p. 63-69; Ac. do STJ, de 27 de Janeiro de 1953, BMJ 35, p. 377.

O prazo prescricional do procedimento criminal mais longo é, de acordo com o Código Penal, de quinze anos, sendo aplicável aos crimes a que caibam pena de prisão maior (§ 2.º do artigo 125 do CP)[179]. Os restantes prazos de prescrição daquele procedimento ou têm a mesma duração que o de prescrição da responsabilidade dos administradores prevista no Código Comercial (5 anos) ou são mais curtos (§§ 2.º e 3.º do artigo 125 do CP)[180].

A *ratio* da extinção do direito substantivo da sociedade pelo decurso do prazo é, tal como decorre do regime geral da responsabilidade civil, de se castigar a inércia do credor em exercitar o seu direito, por um lado, e de *"satisfazer a necessidade social de segurança jurídica e certeza dos direitos, e, assim, proteger o interesse do sujeito passivo"*[181].

II. Este prazo prescricional só começa a correr, determina o n.º 4 do artigo 161, a partir do conhecimento do facto pela maioria dos sócios. Sobre a mesma matéria, dispõe *al. b)* do n.º 1 do artigo 252 que o prazo prescricional de cinco anos deve ser contado a partir "do termo da conduta dolosa ou culposa, ou da sua revelação se aquela tiver sido ocultada, e da produção do dano..."[182]. Ora, parece-nos que o legislador fixou, nesta matéria, duas soluções para o mesmo problema. É que da *al. a)* do n.º 1 do artigo 252 resulta que aquele prazo pode iniciar a sua contagem mesmo quando os sócios não tenham conhecimento do facto, pois admite-se (naquela disposição) que o cômputo do termo tenha início com o "termo da conduta dolosa ou culposa... e da produção do dano", sem necessidade, subentenda-se, que os sócios tenham conhecimento daquela conduta. Só assim não acontecerá se o administrador tiver ocultado a sua conduta ilí-

---

[179] Dispõe o artigo 125 (extinção do procedimento criminal, das penas e das medidas de segurança) que "o procedimento criminal prescreve passados quinze anos, se ao crime for aplicável pena maior.", sendo estas as que vêm enumeradas no artigo 55 do CP, cujas molduras penais abstractas variam de dois a oito anos e de vinte a vinte e quatro anos.

[180] V. artigos 56 (penas correccionais) e 57 (penas especiais para empregados públicos), todos do CP.

[181] MOTA PINTO, *Teoria Geral*, cit., p. 375-376; V. ainda, no mesmo sentido, CARVALHO FERNANDES, *Teoria Geral*, cit., p. 648-649; MANUEL DE ANDRADE, *Teoria Geral*, Vol. II, cit., p. 445-446.

[182] Já se previa esta solução para a responsabilidade dos administradores das sociedades anónimas, nos termos do n.º 4 do artigo 19 do Dec.-Lei n.º 49 381, de 15 de Novembro de 1969.

cita e culposa (também decorre da mesma disposição), caso em que a contagem fica suspensa[183]. Antes de cuidarmos desta questão, tomaremos conhecimento de outra relacionada com o disposto no n.º 4 do artigo 161 supra mencionado.

III. Com efeito, o n.º 4 do artigo 161 determina que o prazo prescricional só inicia a sua contagem a partir do conhecimento do facto gerador da responsabilidade dos administradores pela maioria dos sócios – metade mais um.

Ora, como interpretar esta disposição nos casos em que a sociedade seja constituída por dois sócios, aliás, tido como número mínimo de sócios para a generalidade dos tipos societários (artigo 91)?

É que aqui existe uma impossibilidade objectiva de se verificar aquela maioria. Trata-se, sem dúvida, de um problema que não mereceu, voluntária ou involuntariamente, a atenção do nosso legislador. Há, no entanto, que encontrar algum sentido útil para esta disposição. Parece-nos que, no caso *sub judice*, o prazo prescricional só iniciará a competente contagem quando o facto for do conhecimento de ambos os sócios, só assim fazendo sentido o termo "maioria", pois o conhecimento do facto por um só sócio não representa maioria alguma. Julgamos ser a solução que tem o mínimo de correspondência verbal com o texto da lei, e que, de acordo com o n.º 2 do artigo 9 do CC, se impõe no exercício hermenêutico[184].

IV. Ainda no que diz respeito ao início da contagem do prazo prescricional, determina o n.º 4 do artigo 252 um regime especial nos casos em que a responsabilidade dos administradores para com a sociedade decorra da fusão (v. também o artigo 203).

---

[183] Solução semelhante é a que resulta do n.º 2 do artigo 321 do CC, no qual se estabelece que "se o titular não tiver exercido o seu direito em consequência de dolo do obrigado, é aplicável o disposto no número anterior", ou seja, *"a prescrição suspende-se durante o tempo em que o titular estiver impedido de fazer valer o seu direito...no decurso dos últimos três meses do prazo"*.
[184] V. PIRES DE LIMA, ANTUNES VARELA, *Código Civil Anotado*, Vol. I, cit., p. 16; v. ainda, para mais desenvolvimentos, CASTANHEIRA NEVES, *O Actual Problema Metodológico Da Interpretação Jurídica – I*, Coimbra Editora, Coimbra, 2003.

Aqui, por mais que a fusão determine a extinção da sociedade em cuja esfera jurídica o dano teve lugar, a mesma (sociedade) será tida como existente para efeitos de responsabilidade civil (n.º 3 do artigo 203).

V. Retomamos agora o problema antes colocado. Como entender a fixação de dois momentos distintos para o início da contagem do prazo prescricional da responsabilidade dos administradores?

Relativamente a esta matéria, a regra geral, estabelecida no n.º 1 do artigo 306 do CC, estabelece que o prazo prescricional comece a correr quando o direito puder ser exercido. Ora, se a lei fixa dois momentos distintos para tal efeito, então parece-nos aceitável, embora não seja a situação ideal, que qualquer daquelas situações seja susceptível de provocar o início da contagem do prazo prescricional. Assim, o facto que se verificar em primeiro lugar (quer seja o previsto no n.º 4 do artigo 161 quer seja o previsto na *al. b)* do n.º 1 do artigo 252) determinará o início da contagem do prazo prescricional.

Mas ainda assim, entendemos que o legislador teria sido muito mais feliz se se orientasse para uma solução análoga à contida na *al. d)* do artigo 318 do CC. É que, nos termos desta disposição legal, a prescrição não começa nem corre (ou seja, suspende-se) entre as pessoas colectivas e os respectivos administradores, relativamente à responsabilidade destes pelo exercício dos seus cargos, enquanto neles se mantiverem. Julgamos que a aplicação deste regime às sociedades comerciais protegeria melhor os interesses destas e, por conseguinte, dos sócios.

VI. De resto, valem aqui as considerações gerais sobre a prescrição. A sociedade e os administradores estão impedidos de alterar validamente os prazos prescricionais (artigo 300 do CC); o tribunal não pode dela tomar conhecimento oficiosamente, necessitando, para ser eficaz, de ser invocada pela pessoa a quem aproveita ou pelos seus credores ou terceiros com legítimo interesse na sua declaração (artigos 303 e 305, todos do CC).

36. Renúncia

I. A renúncia, enquanto negócio unilateral, através do qual uma pessoa abdica voluntariamente do seu direito sem a concomitante atribuição ou transferência a outrem[185], apresenta-se igualmente, se bem que em condições de certa forma apertadas, como um facto extintivo da responsabilidade dos administradores para com a sociedade.

Trata-se, no fundo, de uma manifestação do princípio da autonomia privada, que permite que os particulares (pessoas singulares e colectivas) possam auto-regulamentar as suas vidas, celebrando os negócios nos termos que melhor lhes aprouverem, podendo, mesmo, exigir ou não o cumprimento das obrigações impostas à contraparte.

II. A renúncia ao direito à indemnização por parte da sociedade só pode ser efectuada mediante deliberação expressa dos sócios, sem voto contrário de uma minoria que represente pelo menos 10% (dez por cento) do capital social e só se o dano não constituir diminuição relevante da garantia dos credores. É que, tal como decorre do n.º 1 do artigo 163, esta minoria de sócios é suficiente para intentar uma acção social de grupo (ou *ut singuli* imprópria) contra os administradores. Garante-se, assim, com a fixação daquele limite, que a deliberação de renúncia não seja posta em causa por uma posterior manifestação de vontade de sócios que subrogando-se à sociedade venham intentar acção social contra os administradores, direito, aliás, previsto no n.º 1 do artigo 163[186].

Garantidos ficam também os direitos e interesses de terceiros, na medida em que é denegada a renúncia ao direito à indemnização quando deste acto possa resultar uma diminuição das garantias dos credores – no mesmo diapasão se orienta o n.º 6 do artigo 125, conferindo aos credores

---

[185] ANA PRATA, *Dicionário Jurídico*, cit., p. 1280.

[186] É outra a solução contida no CSC. Com efeito, o n.º 2 do artigo 74 daquele diploma condiciona a validade da deliberação de renúncia à inexistência de um "voto contrário de uma minoria que represente pelo menos 10% do capital social" – trata-se do que entre nós vigora, até porque arriscamo-nos mesmo a dizer que foi essa a disposição que serviu de inspiração para o nosso legislador. Já o n.º 1 do artigo 77 do CSC, diferentemente do nosso n.º 1 do artigo 163, determina que os sócios que possuem pelo menos 5% do capital social podem intentar uma acção social contra os administradores quando a sociedade não a haja solicitado. Julgamos que a solução ideal seria aquela que determinasse a uniformização das percentagens. Ou seja, a percentagem que se exige para intentar a acção social de grupo deveria ser a mesma que se exige como o mínimo admissível na expressão do voto contrário da deliberação de renúncia ao direito à indemnização da sociedade. Evitar-se-ia, assim, que uma certa maioria (sócios que representem 5% do capital social) seja suficiente para intentar a acção social de grupo mas, por outro lado, a mesma maioria não seja suficiente para impedir a renúncia ao direito à indemnização.

a possibilidade de exercerem o direito à indemnização de que a sociedade seja titular nos casos e que as deliberações tenham sido determinadas pelo poder de domínio que o sócio dominante ostenta em prejuízo da sociedade ou dos outros sócios, se desse facto o património da sociedade se mostrar insuficiente para satisfazer os seus créditos.

III. Para a aprovação destas deliberações que podem determinar a extinção da obrigação dos administradores de indemnizar a sociedade, não podem votar aqueles que sejam simultaneamente administradores e sócios, dada a possibilidade de conflitos de interesses com a sociedade[187]. De contrário, o seu voto sempre seria duvidoso e poderia representar um meio para os sócios-administradores se furtarem à responsabilidade civil.

IV. Com efeito, os administradores só podem renunciar ao benefício que a prescrição tenha criado depois de haver decorrido o respectivo prazo prescricional. É esta a solução que subsidiariamente resulta do n.º 1 do artigo 302 do C.C.

V. Ainda no sentido de impedir a exclusão ou limitação da responsabilidade dos administradores, o legislador estabelece no n.º 1 do artigo 161 a nulidade das cláusulas que se orientem naquele sentido.

Aspecto importante é também o que resulta do n.º 2 do artigo 161, no qual se determina que "a deliberação pela qual os sócios aprovem o balanço e as contas não implica renúncia da sociedade ao direito à indemnização contra os administradores". Esta disposição representa uma evolução em relação ao regime anterior, no qual a *liberação*[188] era prevista no artigo 190 do C.Com de 1888. Dispunha esta disposição do Código VEIGA BEIRÃO que "a aprovação da assembleia geral ao balanço e contas de gerência da administração liberta os directores e os membros do conselho fiscal da sua responsabilidade para com a sociedade, decorridos que sejam seis meses, salvo provando-se que nos inventários e balanços houve omissões ou indicações falsas com o fim de dissimular a situação da sociedade"[189].

---

[187] É neste sentido que o CSC fixa expressamente o seu regime jurídico na *parte final* do n.º 2 do artigo 74.

[188] Sobre a liberação enquanto facto extintivo v. RAUL VENTURA, BRITO CORREIA, *Responsabilidade Civil*, BMJ 193, cit., p. 69-84.

[189] A este preceito recorreu a jurisprudência nas seguintes decisões: ac. do STJ, de 3 de Junho de 1949, BMJ 13, P. 325 e ss; ac. STJ de 8 de Fevereiro de 1957, Rev. Trib.

37. Remissão

Subsidiariamente, podemos igualmente concluir que o direito à indemnização pode extinguir-se por via da remissão, através da qual a sociedade renuncia, gratuita ou onerosamente, ao seu direito, em contrato celebrado com os administradores[190]. Embora a sociedade renuncie ao seu direito, não podemos dizer que estejamos perante a renúncia propriamente dita, pois, aqui (na remissão), exige-se o consentimento do devedor (administrador) como condição de validade do negócio bilateral (já não unilateral, onde a renúncia se enquadra).

No entanto, na medida em que para a sociedade a remissão implica a renúncia do seu direito à indemnização, a remissão deverá estar sujeita aos requisitos de que o n.º 3 do artigo 161 faz depender a sua validade[191], designadamente, a existência de uma "deliberação expressa dos sócios sem o voto contrário de uma minoria que represente, pelo menos, dez por cento do capital social e só se o dano não constituir diminuição relevante da garantia dos credores".

II. Como vimos anteriormente, a responsabilidade dos administradores é solidária, o que permite que a sociedade possa exigir, de um dos administradores (quando a administração seja assegurada por mais de um administrador) a totalidade da dívida, não sendo a este lícito opor o benefício da divisão (artigos 512 e 518, todos do CC).

Deste modo, tendo sido remitida a dívida em relação a um dos devedores (administradores), os restantes ficam liberados em relação à parte do devedor exonerado, excepto se o credor (sociedade) se reservar o

---

1957, p. 173 e ss; ac. STJ de 7 de Junho de 1963, BMJ 128, p. 584; ac. STJ de 14 de Outubro de 1969, BMJ 190, p. 337 e ss, todos citados por RAUL VENTURA, BRITO CORREIA, *Responsabilidade Civil*, BMJ 193, cit., p. 81, nota 398.

[190] RAUL VENTURA, BRITO CORREIA, ob. cit., p. 50-51.

[191] RAUL VENTURA, BRITO CORREIA, ob. cit., p. 51. *"De um modo geral, pode dizer-se que a remissão e a transacção quanto à responsabilidade do administrador estão sujeitas a requisitos mais rigorosos que os exigidos pela regulamentação legal. Isso constitui obviamente factor agravante da responsabilidade dos administradores, o qual se considera todavia justificado pelas circunstâncias particulares características das relações entre a administração e a assembleia geral nas sociedades comerciais – os administradores são frequentemente sócios maioritários – e pela necessidade de garantir quanto possível a seriedade de gestão social".*

direito de exigir a totalidade da dívida a qualquer dos co-devedores, caso em que este terá direito de regresso contra o devedor remitido (artigo 864 do CC).

38. Transacção

O n.º 3 do artigo 161 prevê expressamente a possibilidade de extinção do direito à indemnização da sociedade decorrente dos actos danosos, ilícitos e culposos, praticados pelos administradores, através da transacção.

A noção desta figura vem prevista no artigo 1248 do CC, no qual se dispõe que "transacção é o contrato pelo qual as partes previnem ou terminam um litígio mediante recíprocas concessões".

Valem aqui, *mutatis mutandis*, todas as considerações que fizemos relativamente à renúncia e à remissão, para onde remetemos.

CAPÍTULO III
GARANTIAS DAS OBRIGAÇÕES DOS ADMINISTRADORES

39. Considerações gerais

Reveste-se de grande importância a determinação das garantias de que a sociedade se pode valer para exigir eficazmente o cumprimento da obrigação de indemnizar por parte dos administradores.

Trataremos da garantia geral do cumprimento das obrigações (património, *in casu*, dos administradores) bem como das garantias especiais (solidariedade passiva e prestação de caução).

Importa, no entanto, não perder de vista que, muitas vezes, o património dos administradores será insuficiente para ressarcir a sociedade dos danos sofridos como resultado do seu acto danoso, ilícito e culposo. É certo que se pode mitigar este receio através da fixação de uma caução a ser prestada pelo administrador antes mesmo de iniciar as suas funções. Porém, a fixação de valores muito elevados pode afugentar muitas pessoas, ou por impossibilidade de prestá-la por insuficiência do património, ou pelo receio de afectar grandes quantias monetárias como condição para o desempenho das suas funções. Correr-se-ia, deste modo, o risco de transformarmos a administração numa actividade pouco atractiva.

40. Garantia geral do cumprimento das obrigações. O património pessoal do administrador

O artigo 601 do CC estabelece:

"Pelo cumprimento da obrigação respondem todos os bens do devedor susceptíveis de penhora[192], sem prejuízo dos regimes especialmente estabelecidos em consequência da separação de patrimónios".

---

[192] Dispõe o artigo 822 do CPC (Bens absoluta ou totalmente impenhoráveis):
"1. Além das coisas inalienáveis [por exemplo, a terra, de acordo com o artigo 109 da CRM] e dos bens isentos de penhora por disposição especial, não podem, no entanto, ser penhorados:
  a) os objectos cuja apreensão seja ofensiva da moral pública e bem assim aqueles cuja apreensão careça de justificação económica;
  b) os edifícios e objectos destinados ao exercício do culto público;
  c) os túmulos;
  d) ...
  e) ...
  f) os utensílios imprescindíveis a qualquer economia doméstica;
  g) os objectos indispensáveis para cama e vestuário do executado, sua família e pessoal doméstico;
2. A apreensão carece de justificação económica quando o valor venal dos bens seja de tal modo diminuto que a penhora só possa explicar-se pela intenção de vexar ou lesar o executado.
3. As capelas particulares podem ser penhoradas na falta de outros bens; e juntamente com elas podem ser apreendidos os objectos que se destinem a exercer aí o culto religioso."

O artigo 823 do CPC (Bens relativa ou parcialmente impenhoráveis) acrescenta ainda a lista de bens isentos de penhora. Dispõe-se nesta disposição:
"1. Estão também isentos de penhora:
  a) ...
  b) os títulos e certificados da dívida pública, excepto quando voluntariamente oferecidos;
  c) os géneros e o combustível necessários ao sustento do executado, sua família e pessoal doméstico durante um mês;
  d) os livros, utensílios, ferramentas e quaisquer objectos estritamente indispensáveis ao exercício da função ou profissão;
  e) dois terços ... dos vencimentos e salários de quaisquer empregados ou trabalhadores;
  f) dois terços das prestações periódicas pagas a título de aposentação, reforma, auxílio, doença, invalidez, montepio, seguro, indemnização por acidente ou renda vitalícia, e de outras pensões de natureza semelhante.

O património é uma importante garantia da responsabilidade civil dos administradores das sociedades[193]. Cabe assim à sociedade, caso o administrador responsável não a indemnize voluntariamente, fazer executar o património deste.

A lei prevê, no entanto, no artigo 602 do CC, a possibilidade de se limitar a responsabilidade do devedor (administrador) a alguns dos seus bens, no caso de não cumprimento voluntário. É uma faculdade que julgamos enquadrar-se no âmbito da autonomia da vontade das partes que, nesta matéria, não parece encontrar limitações.

Caso o administrador responsabilizado seja igualmente sócio da sociedade, a parte por si subscrita do capital social será igualmente tomada como património para efeitos de ressarcimento à sociedade.

41. Garantias especiais. A solidariedade passiva

I. Dispõe o n.º 1 do artigo 513 do CC:

"A solidariedade de devedores... só existe quando resulte da lei ou da vontade das partes".

No caso da responsabilidade civil dos administradores, o n.º 4 do artifo 160 dispõe expressamente que, entre os administradores, vigora a responsabilidade solidária. Tal como decorre do n.º 1 do artigo 166, o mesmo regime é aplicável aos gerentes e procuradores a quem tenham sido conferidos alguns poderes de administração, nos termos admitidos no n.º 2 do artigo 151.

Trata-se, com efeito, de uma garantia pessoal das obrigações[194], que permite que a sociedade possa, quando exista mais de um administra-

---

Indicamos somente as alíneas que, dada a posição dos administradores, parecem mais relevantes.

[193] O património do devedor já respondia pelas obrigações deste na vigência da lei anterior – v. artigos 173 do C.Com de 1888 e § 2º do artigo 29 da LSQ.

[194] MENEZES LEITÃO, *Garantia das Obrigações*, Almedina, Coimbra, 2006; ROMANO MARTINEZ; PEDRO FUZETA DA PONTE, *Garantias de cumprimento*, 4ª ed., Coimbra, 2003, p. 231 e ss, qualifica a solidariedade passiva como uma garantia indirecta, que não sendo real nem pessoal, confere a uma das partes determinada garantia de cumprimento do seu crédito. Em sentido contrário, assumindo que a solidariedade passiva repre-

dor[195], exigir o cumprimento integral da obrigação de indemnizar a um só dos administradores, liberando, o cumprimento por parte deste, a todos os demais.

Este regime permite que, nas relações externas – aquelas que se estabelecem entre o credor (sociedade) e os devedores (administradores) – a sociedade disponha de uma maior eficácia do seu direito, uma vez que se cria uma situação de garantias pessoais mútuas, funcionando cada um dos devedores como garante da parte que compete em relação aos seus co-devedores[196].

Esta garantia resulta no fundo do facto de a sociedade poder demandar um só administrador (podendo ser o que, pelo património que ostenta, oferece maiores garantias de satisfação do seu crédito) sem que este possa, validamente, opor o benefício da divisão (artigo 518 do CC).

Caso o administrador demandado oponha eficazmente à sociedade um meio de defesa pessoal, tem esta a possibilidade de reclamar dos restantes administradores responsáveis a prestação integral (n.º 2 do artigo 519 do CC).

II. O regime da solidariedade funcionaria igualmente para os casos em que a administração da sociedade tenha sido conferida a uma pessoa colectiva, tal como decorre do n.º 1 do artigo 149. A este propósito estabelece a parte final do n.º 2 do artigo 149 que *"a pessoa colectiva responde solidariamente com a pessoa designada pelos actos desta"*.

Se é certo que as pessoas singulares podem muitas vezes não dispor de património suficiente para indemnizar a sociedade pelos actos por si praticados enquanto administradores, o mesmo receio será menor nos casos em que haja solidariedade do administrador e a pessoa colectiva que o nomeou, pois estas, em princípio, terão maior solvabilidade do que aqueles. Neste caso, e porque as pessoas colectivas (mormente as sociedades comerciais) oferecem maiores garantias de cumprimento das obri-

---

senta uma garantia pessoal, para além de Menezes Leitão, encontramos, Almeida Costa, *Direito das Obrigações*, cit., p. 623, nota 1 e p. 820; JANUÁRIO DA COSTA GOMES, *Assunção fidejussória de Dívida. Sobre o Sentido e o Âmbito da Vinculação como Fiador*, Coimbra, 2000, p. 100 e ss.

[195] Não se coloca, por maioria de razão, o problema da solidariedade quando a sociedade tenha um só sócio.

[196] PAULO CUNHA, citado por MENEZES LEITÃO, *Garantia das Obrigações*, cit., nota 397, p. 165.

gações, será preferível que a sociedade demande esta (pessoa colectiva) – os artigos 512 e 518 do C.C. assim o permitem – em detrimento dos administradores (pessoas singulares) que, em princípio, terão menores garantia patrimoniais.

III. Uma vez cumprida integralmente a obrigação em relação à sociedade, o administrador que a satisfez tem, nas relações internas – aquelas que se estabelecem entre os devedores (administradores) –, direito de regresso sobre os restantes administradores, pela parte que a estes individualmente competia, sendo esta determinada pela culpa individual e pelas consequências que dela advieram (artigo 102, aplicável por remissão do n.º 4 do artigo 160). Não sendo possível determinar a responsabilidade individual de cada um dos administradores responsáveis, presume a lei (pela conjugação das disposições anteriormente citadas) que as culpas são iguais.

42. A solidariedade passiva nos casos de administradores executivos e não executivos. Exclusão da solidariedade passiva

A lei permite que, na administração das sociedades por quotas e anónimas, o conselho de administração possa delegar num ou mais administradores a gestão corrente da sociedade (n.º 6 do artigo 323 e n.º 1 do artigo 432, respectivamente), situação que nos conduz à existência de administradores executivos (administradores delegados) e não executivos.

Esta delegação de poderes não libera os administradores não executivos das suas funções, pois, por um lado, o conselho de administração (integrado pelo conjunto dos administradores executivos e não executivos) pode avocar os poderes entretanto delegados (n.º 2 do artigo 432) e, por outro, continuam obrigados à vigilância geral à actuação dos administradores executivos[197]. Acresce ainda o facto de que em relação às sociedades anónimas, certas matérias são, por lei (n.º 2 do artigo 432), indelegáveis, como sejam as deliberações relativas *(i)* aos relatórios e con-

---

[197] JOÃO CALVÃO DA SILVA, *A responsabilidade civil dos administradores não executivos, da comissão de auditoria e do conselho geral e de supervisão*, in http://www.oa.pt/Conteudos/Artigos/detalhe_artigo.aspx?idc=30777&idsc=59032&ida=59049, acesso em 3 de Janeiro de 2011.

tas anuais, *(ii)* a prestação de caução e garantias, pessoais ou reais, pela sociedade, *(iii)* as extensões ou reduções da actividade da sociedade, e *(iv)* projectos de fusão, cisão e de transformação da sociedade.

Deste modo, e como regra geral, a responsabilidade entre os administradores executivos e não executivos é igualmente *solidária* (n.º 4 do artigo 160 e 4 do artigo 432), podendo a sociedade demandar um deles ou todos nos termos previstos no artigos 512 e ss do CC.

No entanto, atento ao disposto no n.º 4 do artigo 432 *in fine*, a regra acima enunciada pode sofrer um desvio, liberando-se os administradores não executivos da responsabilidade civil, e, por conseguinte, da solidariedade passiva com os restantes administradores.

Com efeito, dispõe a referida disposição:

"Os administradores respondem solidariamente com o administrador-delegado ou com os membros da direcção pelos prejuízos causados à sociedade por actos ou omissões destes, quando, tendo conhecimento desses actos ou omissões ou do propósito de os praticar, não solicitem a intervenção do conselho de administração para tomar as medidas pertinentes e adequadas".

Quer isto dizer que os administradores não executivos não serão responsáveis se, tendo conhecimento, em princípio através do cumprimento do dever de informação pelo administrador-delegado (executivo), de actos ou omissões prejudiciais à sociedade ou do propósito da sua prática pelos administradores executivos, provoquem a intervenção do conselho de administração para tomar as medidas adequadas, cumprindo, deste modo, o dever de impedir a materialização de acções ou omissões prejudiciais que tenham chegado ao seu conhecimento ou de eliminar ou minorar os danos delas resultantes[198].

43. Outros casos de exclusão da solidariedade passiva dos administradores

Os n.os 2 e 3 do artigo 160 enumeram outras situações de desresponsabilização dos administradores que, por maioria de razão, conduzem-nos

---
[198] *Idem.*

à exclusão da solidariedade (claro, em relação aos administradores desresponsabilizados).

O n.º 2 do artigo 160 estabelece:

> *"Não são responsáveis pelos danos resultantes de uma deliberação da administração os administradores que nela não tenham participado ou tenham votado vencidos e não tenham participado na respectiva execução. Os administradores devem fazer constar da acta o sentido do seu voto, sob pena de se presumir que votaram a favor."*

Assim, os administradores que não tenham participado de uma deliberação, ou, tendo participado, tenham votado contra a aprovação da referida deliberação, neste caso, fazendo constar da acta o sentido do seu voto, e não tenham tomado parte da execução da referida deliberação não são solidariamente responsáveis com os que participaram tendo votado a favor. Trata-se, com efeito, de um regime que visa, por um lado, premiar os administradores que tenham pautado a sua actuação em obediência estrita aos seus deveres e, por outro, sancionar aqueles que tenham actuado com preterição destes mesmos deveres.

Ainda do artigo 160, particularmente do seu n.º 3, resulta outra causa que conduz, em certos casos, ao afastamento da solidariedade passiva da responsabilidade dos administradores.

De um modo geral, esta disposição determina que os administradores não respondam para com a sociedade *"se o acto ou omissão assentar em deliberação de sócios, ainda que anulável"*. Pretende-se, com esta liberação, eliminar situações de abuso de direito (artigo 334 do CC) que se consubstanciariam em *venire contra factum proprium*. É que, à excepção das sociedades anónimas (já a seguir delas falaremos), a lei permite que os sócios possam deliberar livremente[199] sobre a gestão da sociedade e, nestes casos, os administradores devem respeitar a sua vontade – em relação às sociedades por quotas existe mesmo um dever expresso neste sentido, cuja previsão legal consta do n.º 9 do artigo 323.

---

[199] Bem se percebe, pois trata-se de sociedades em que os sócios estão muito presentes no dia-a-dia da sua gestão; correspondem, em larga medida, às pequenas e médias empresas.

Existem, porém, duas excepções a este princípio, de que importa dar nota.

A *primeira*, e retomando a excepção que acima abrimos em relação às sociedades anónimas, resulta do facto de os accionistas destas sociedades (anónimas) somente poderem deliberar sobre a gestão da sociedade a pedido da administração – bem se compreende, pois, neste tipo societário, constituído mormente por grandes empresas, os accionistas mantém uma distância da gestão corrente, mais se importando com a recolha dos lucros que lhe competem no final de cada exercício. Ora, se são os administradores que estão munidos de todo o acervo de informação e conhecimento necessários para a correcta ponderação das opções a seguir na tomada das deliberações, então, a lei (n.º 3 do artigo 412), justamente, obriga que *"sobre as matérias de gestão da sociedade, os accionistas só podem deliberar a pedido do órgão da administração"*. É daí que o n.º 3 do artigo 160 *in fine* determina que se a deliberação tiver sido tomada por proposta dos administradores haverá lugar à responsabilidade destes, funcionando, neste caso, na sua máxima extensão, o regime da solidariedade.

A *segunda* excepção, também identificada na segunda parte do n.º 3 do artigo 160, determina a responsabilização dos administradores, mesmo quando o acto ou omissão assente em deliberação dos sócios, desde que aqueles, dolosamente, executem uma deliberação aprovada com o consciente propósito de obter, para o sócio dominante ou para terceiro, vantagem indevida em prejuízo da sociedade, de outros sócios (dominados) ou de credores da sociedade. Trata-se de um imperativo que tem em vista a protecção dos sócios dominados (titulares de quotas com pouca expressão a nível decisório) justificando-se, deste modo, a responsabilização solidária dos administradores.

44. Garantias Especiais. A prestação de caução

I. A prestação de caução é, em bom rigor, uma garantia especial das obrigações que pode ter como conteúdo outras garantias específicas (fiança, penhor, hipoteca ou consignação de rendimentos[200])[201].

---

[200] V., para mais desenvolvimentos, MENEZES LEITÃO, *Garantias das Obrigações*, cit., nota 263, p. 189 e ss. ROMANO MARTINEZ; PEDRO FUZETA DA PONTE, *Garantias de cumprimento*, cit., p. 70.

[201] MENEZES LEITÃO, *Garantia das Obrigações*, cit., p. 114 e ss; RAUL VENTURA, BRITO CORREIA, *Responsabilidade Civil*, BMJ 193, p. 100. 108.

Encontra consagração expressa no n.º 2 do artigo 280 e no n.º 1 do artigo 424 relativamente às sociedades de capital e indústria e anónimas, respectivamente. Condiciona-se no artigo 280 o exercício do cargo de administrador por parte dos sócios de indústria à prestação de uma caução "previamente fixada no contrato de sociedade", sendo que, no silêncio deste contrato, a caução deve ser "igual ao valor do capital subscrito pelos sócios capitalistas". É, no fundo, um meio de garantia não só para a sociedade mas também para o sócio capitalista que, contrariamente ao sócio de indústria que ingressa para a sociedade com o seu trabalho (*al. b*) do n.º 1 do artigo 278), contribui para o capital social com dinheiro, crédito ou outros bens materiais (*al. a*) do n.º 1 do artigo 278). Já no artigo 424, relativamente às sociedades anónimas, a prestação de caução está dependente de previsão estatutária.

Este valor da caução servirá para o ressarcimento dos danos que eventualmente a sociedade venha a sofrer pelos actos decorrentes de má administração eventualmente praticados. Por esta via, bem se percebe que a caução servirá como um estímulo para os administradores que muito farão para que aquela garantia prestada a favor da sociedade não reverta a favor desta. Expende, a este propósito, MENEZES LEITÃO que a "caução é... considerada uma garantia das obrigações incertas, quer quanto à sua existência, quer quanto ao seu âmbito[202]. Essa formulação já deriva do tempo *cautio*, do verbo *cavere*, que sempre teve um significado genérico de cautela ou garantia, que assegura algo que se encontra exposto a um risco, ou garante o cumprimento de uma obrigação, ainda que futura ou eventual"[203].

II. Que dizer dos restantes tipos societários? Haverá a possibilidade de se impor aos administradores a prestação de uma caução como condição para o exercício do cargo respectivo?

Não nos parece que haja motivos que justifiquem a inaplicabilidade da prestação de caução às sociedades que não sejam de capital e indústria e anónimas. Até porque sempre seria chamado o princípio da autonomia privada (artigo 405 do CC) como justificação suficiente para aquela questão.

---

[202] No mesmo sentido, ROMANO MARTINEZ; PEDRO FUZETA DA PONTE, *Garantias de cumprimento*, cit., p. 69.
[203] MENEZES LEITÃO, *Garantias das Obrigações*, cit., p. 115, nota 263.

III. Tal como dissemos anteriormente, há várias formas de prestar uma caução. No entanto, caso o contrato de sociedade não se refira expressamente a esta questão, determina o artigo 623 do CC que pode a garantia ser prestada por meio de *(i)* depósito em dinheiro, *(ii)* títulos de crédito, *(iii)* pedras ou metais preciosos, *(iv)* penhor[204], *(v)* hipoteca[205] ou *(vi)* fiança bancária[206].

---

[204] V., para mais desenvolvimentos, MENEZES LEITÃO, *Garantias das Obrigações*, cit., p. 194, e ss, nota 263, 282 e ss; ANA PRATA, *Dicionário Jurídico*, cit., p. 1045.

[205] V., para mais desenvolvimentos, MENEZES LEITÃO, *Garantias das Obrigações*, cit., p. 211 e ss, nota 263; ANA PRATA, *Dicionário Jurídico*, cit., p. 713.

[206] V., para mais desenvolvimentos, MENEZES LEITÃO, *Garantias das Obrigações*, cit., p. 116 e ss, nota 263,; ANA PRATA, *Dicionário Jurídico*, cit., p. 673.

CAPÍTULO IV
CLÁUSULAS (ACESSÓRIAS) SOBRE A RESPONSABILIDADE CIVIL DOS ADMINISTRADORES

45. Considerações gerais

As cláusulas acessórias, em geral, são elementos acidentais que embora não caracterizem o tipo negocial em concreto se revelam imprescindíveis para a produção dos seus efeitos jurídicos[207].

Tem sido discutida a possibilidade de aposição de determinadas cláusulas acessórias na relação existente entre a sociedade e o administrador. Analisaremos, assim, a cláusula de exclusão e limitação de responsabilidade civil e a cláusula penal.

46. Cláusula de exclusão e de limitação de responsabilidade[208]

I. No domínio do C. Com de 1888, a questão relativa à exclusão ou limitação da responsabilidade dos administradores não encontrou amparo expresso. No entanto, a doutrina portuguesa anterior ao Código Civil de 1966 (de aplicação subsidiária ao Código Comercial), admitia a aponibilidade daquela cláusula com fundamento no princípio da autonomia da vontade[209].

---

[207] Entre outros, MOTA PINTO, *Teoria Geral*, cit., p. 384;

[208] Para uma análise mais desenvolvida v. ANA PRATA, *Cláusulas de Exclusão e Limitação da Responsabilidade Contratual*, Almedina, Coimbra, 2005; ANTÓNIO PINTO MONTEIRO, *Cláusulas de Exclusão e Limitação da Responsabilidade Contratual*, Almedina, Coimbra, 2003.

[209] RAUL VENTURA, BRITO CORREIA, *Responsabilidade Civil*, BMJ 193, cit., p. 93-94.

Este entendimento foi afastado com a entrada em vigor do Código Civil de 1966. Na verdade, o artigo 602 deste Código até admite a limitação, por convenção das partes, da responsabilidade do devedor a alguns dos seus bens em matérias que não se encontrem subtraídas à disponibilidade das partes. Mas mesmo assim, o entendimento doutrinário prevalecente entendia que a exclusão ou limitação da responsabilidade dos administradores se encontrava compreendida naquela excepção, pois trata-se de uma matéria que protege "não só o interesse da sociedade, mas também o interesse geral e particularmente o dos credores, chegando alguns autores a considerá-las de ordem pública"[210].

II. Porém, com o Dec.-Lei n.º 49 381, de 15 de Novembro de 1969, fixou-se expressamente, para as sociedades anónimas, aquela proibição no n.º 1 do artigo 19 onde se determinava que:

"É nula a cláusula que exclua ou limite a responsabilidade dos administradores, ..."

Mais não fez senão confirmar a orientação doutrinária que vinha já sendo seguida.

III. No domínio da lei actual – Código Comercial – o legislador alargou, de forma expressa, aquela proibição das cláusulas de exclusão e de limitação da responsabilidade dos administradores, sancionando com a nulidade os negócios que prevejam aquelas cláusulas (n.º 1 do artigo 161).

47. A possibilidade de aposição de cláusula penal

A cláusula penal enquanto instituto jurídico vem prevista no artigo 810 do CC. Nele se determina que *"as partes podem... fixar por acordo o montante da indemnização exigível"*. Trata-se de um acordo através do qual as partes convencionam antecipadamente uma determinada prestação, normalmente fixada em dinheiro, que o devedor deverá cumprir em caso de incumprimento ou cumprimento defeituoso da obrigação previa-

---

[210] RAUL VENTURA, BRITO CORREIA, *Responsabilidade Civil*, cit., 96-97.

mente assumida[211]. Fixa-se, por via desta cláusula, um valor a ser pago pelo devedor sem necessidade de se apresentarem provas sobre o valor dos prejuízos sofridos. Também desempenha em relação ao devedor uma função compulsória, funcionando como um factor de pressão sobre este que, ciente da quantia que terá que pagar em caso de incumprimento, prestará a sua actuação com maior zelo e diligência.

Ora, o Código Comercial nada diz quanto à aposição de cláusula penal. Porém, dentro da autonomia das partes, princípio estabelecido no artigo 405 do CC, nada parece obstar a que a sociedade e o administrador fixem, nos termos do artigo 810 do CC, uma cláusula penal para os casos de danos provocados pelo administrador à sociedade.

---

[211] MOTA PINTO, *Teoria Geral*, cit., p. 589 e ss; CARVALHO FERNANDES, *Teoria Geral*, Vol. II, cit., p. 405 e ss;

CAPÍTULO V
ASPECTOS PROCESSUAIS

48. Considerações gerais

As considerações que acima deixamos ficar prendem-se, em grande medida com uma abordagem dirigida ao modelo alemão de responsabilidade civil dos administradores. Mas, como já dissemos, o nosso sistema engloba quer aspectos deste sistema quer aspectos que teriam a sua sede no sistema francês. É nesta perspectiva que doravante abordaremos o tema da responsabilidade dos administradores das sociedades comerciais.

Verificado o dano na esfera jurídica da sociedade e sendo ele resultante da violação de deveres legais ou contratuais por parte do administrador, o Código Comercial confere legitimidade para intentar acção judicial com vista ao ressarcimento dos danos sofridos pela sociedade às seguintes pessoas: *(i)* A própria sociedade (acção social *ut universi*); *(ii)* Os sócios (acção social *ut singuli* imprópria ou de grupo); *(iii)* Os credores (acção social sub-rogatória).

Analisemos as particularidades de cada um dos casos relacionados com as pessoas com legitimidade activa para intentar uma acção contra o administrador com vista à reposição dos danos sofridos pela sociedade:

49. Acção proposta pela sociedade (Acção social *ut universi*)

I. Estabelece o artigo 162 (acção de responsabilidade proposta pela sociedade)

> *"1. A acção de responsabilidade a propor pela sociedade depende de deliberação dos sócios tomada por maioria simples, e deve ser proposta no*

prazo de três meses a contar da data em que a deliberação tiver sido tomada.

2. A deliberação de propor a acção de responsabilidade implica a destituição dos administradores visados, devendo os sócios designar, de imediato, e se necessário, representantes especiais da sociedade para o exercício do direito à indemnização."

Como regra, cabe à sociedade intentar a acção social com vista ao ressarcimento dos danos causados pelo administrador. No entanto, tal como resulta do n.º 1 do artigo 162, a acção a ser proposta pela sociedade está dependente de deliberação dos sócios tomada por maioria simples, devendo a mesma ser intentada no prazo de três meses a contar da data em que a deliberação tiver sido tomada[212]. Trata-se, com efeito, de um prazo de caducidade[213], que tem em vista evitar uma situação de indefinição sobre a qual os administradores ver-se-iam envolvidos, caso não se fixasse um lapso temporal para a concretização daquela deliberação. Este prazo, tal como é próprio do regime da caducidade, não se suspende nem se interrompe (artigo 328 do CC) senão com a proposição da acção.

Particular atenção merecem os administradores que sejam simultaneamente sócios. Estes, dada a possibilidade de conflito de interesses com a sociedade estão impedidos de votar na qualidade de sócios – é o que se determina no artigo 131.

II. Julgamos ser demasiado pesada a consequência legal que a deliberação dos sócios de propor a acção implica para os administradores. É que, tal como decorre do n.º 2 do artigo 162, aquela deliberação tem como efeito a destituição dos administradores visados pela acção[214].

Ora, a deliberação dos sócios somente exterioriza a vontade destes em instaurar uma acção social contra os administradores, não constituindo, porque despida da necessária força, elemento suficientemente esclarecedor da responsabilidade a estes imputável. Até porque pode acontecer que, como culminar da acção social a que os administradores visados sejam submetidos como réus, o tribunal os absolva em virtude da

---

[212] Já antes nos referimos aos problemas que podem surgir quando a sociedade seja constituída somente por dois sócios, pois aqui, qualquer maioria implica a unanimidade do voto dos sócios; cfr. *supra*, n.º 35.

[213] Prazo de caducidade por força do que dispõe o n.º 2 do artigo 298 do CC.

[214] RAUL VENTURA, BRITO CORREIA, *Responsabilidade Civil*, BMJ 193, cit., p. 137.

insuficiência dos elementos necessários para firmar uma decisão condenatória. Ora, por mais que (mais tarde) a decisão judicial seja absolutória, o certo é que, nos termos legais, ela não invalidaria a destituição entretanto ocorrida no momento em que sócios deliberaram propor acção judicial. Não nos parece que seja justo.

Acresce que este poder conferido aos sócios no sentido de obterem a destituição dos administradores pela simples deliberação de proporem uma acção judicial poderia, nos casos em que aqueles agissem de má fé, servir como um meio fraudulento – no entanto, legitimado pelo Direito – para que se pudessem se ver livres dos administradores antes do período aprazado para o efeito, sem necessidade de uma causa justificativa (no verdadeiro sentido da palavra).

Isto porque poderiam os sócios, sem precedência de qualquer suspeita de violação de qualquer dever por parte dos administradores, aprovar a deliberação de propor uma acção judicial contra determinado administrador (o efeito, já o dissemos, seria a destituição imediata) com o simples intuito de se desvincularem deste sem o pagamento da competente indemnização prevista no n.º 6 do artigo 326, para os casos em que não exista justa causa para o efeito.

A destituição dos administradores como consequência imediata e incondicionada da deliberação de propor acção judicial com vista à efectivação de responsabilidade civil contra os administradores reflecte, a nosso ver, um regime assaz gravoso para estes, pois da mesma forma que o tribunal os pode condenar, também os pode absolver, caso em que a destituição perderia todo o suporte que esteve na sua base. Seria como se a justa causa da destituição (que ainda se situava a nível da suspeição) deixasse de existir.

Qual será então a solução que melhor acautelaria os interesses ora em causa[215]*?*

III. Antes de mais, convém sublinhar que, no nosso entender, a intenção de se propor uma acção contra determinado(s) administrador(es), por si só, é incompatível com a continuação do desempenho das funções inerentes à administração da sociedade. Isto porque, encontrando-se o

---

[215] Da mesma forma que a sociedade tem interesse em responsabilizar o administrador que tiver causado o dano, este igualmente tem interesse em se defender, demonstrando a inexistência de responsabilidade.

administrador visado pela acção sob suspeita (que até pode ser muito forte), em princípio, quebrar-se-ia a confiança, elemento que muitas vezes, embora não exclusivamente, está por detrás da designação dos administradores.

Perante o exposto, é imperioso apresentar soluções para pôr termo à injustiça resultante da deliberação dos sócios de propor acção de responsabilidade civil contra os administradores, conforme previsto no n.º 2 do artigo 162. São duas:

IV. *Primeira:* A tese da destituição dos administradores como resultado da deliberação dos sócios de propor a acção judicial com vista à efectivação de responsabilidade civil seria defensável se a mesma estivesse *dependente da condição resolutiva*[216] *da absolvição do administrador.*

Assim, sendo a sentença absolutória, todos os efeitos da destituição do administrador seriam destruídos *ab initio*. Neste caso – de absolvição do administrador –, dar-se-ia à sociedade a possibilidade de optar entre a reintegração do administrador para cumprir o período que faltava para o termo do seu mandato ou a manutenção da destituição[217]. Caso optasse pela segunda via, ficaria a sociedade obrigada a indemnizar o administrador pelo valor correspondente às remunerações que se venceriam entre a data da destituição e o limite convencionado entre as partes. Durante a pendência da acção intentada contra os administradores visados, a sociedade teria a faculdade de designar *administradores provisórios* com contratos igualmente sujeitos a condição resolutiva da absolvição dos administradores destituídos na acção judicial.

V. *Segunda:* Ao invés da deliberação dos administradores de propor contra os administradores acção com vista a efectivação de responsabilidade civil implicar a destituição destes, poder-se-ia optar pela *suspensão*.

Poderá colocar-se, no entanto, um problema em relação a esta solução, que é o de saber se a sociedade continuaria obrigada a pagar as remu-

---

[216] Sobre a noção legal de condição resolutiva, veja-se o artigo 270 do CC. Para mais desenvolvimentos sobre a matéria, vejam-se exemplificativamente MOTA PINTO, *Teoria Geral,* cit., p. 561 e ss; CARVALHO FERNANDES, *Teoria Geral,* Vol. II, cit., p. 375 e ss; MANUEL DE ANDRADE, *Teoria Geral,* vol. II. Cit., p. 355 e ss.

[217] Que bem se poderia justificar pela perda da confiança.

nerações ao administrador durante o período da suspensão[218]. Ora, dado o *periculum in mora* existente nas acções judiciais, julgamos representar uma solução gravosa obrigar a sociedade a pagar as remunerações ao administrador durante aquele período. Assim, entendemos que a obrigação do pagamento das remunerações deveria ficar igualmente suspensa até à data da decisão judicial, decisão essa que poderá ser condenatória ou absolutória. Sendo condenatória, aí sim a suspensão converter-se-ia em destituição com justa causa. No caso contrário, levantar-se-ia a suspensão, ficando, no entanto, a sociedade obrigada a reintegrar o administrador para cumprir o tempo que faltava para o seu mandato, sob pena de, não o fazendo, ficar obrigada a ter que pagar uma indemnização correspondente àquele período.

VI. Tomemos posição relativamente a estas duas posições.

A nossa inclinação recai sobre a segunda solução, na medida em que não toma a deliberação dos sócios de propor acção judicial contra os administradores como suficientemente esclarecedora da responsabilidade destes, de tal sorte que mantém o vínculo entre a sociedade e os administradores, embora suspenso, até que a decisão judicial seja proferida pelo tribunal competente e, por conseguinte, apurada, com o rigor que se impõe, a responsabilidade dos administradores visados pela acção. Esta solução igualmente permite que os administradores visados pela acção não desempenhem as suas funções enquanto a acção estiver pendente, salvaguardando, assim, as expectativas dos sócios de não terem a administração da sociedade confiada a pessoas sobre as quais recai um juízo de suspeição de terem violado os seus deveres legais ou estatutários.

VII. Relativamente ao exercício da acção social, a parte final do n.º 2 do artigo 162 preceitua a possibilidade de, nos casos em que se revele necessário, os sócios proporem representantes especiais.

---

[218] O problema também se coloca em relação aos trabalhadores que sejam suspensos no âmbito do procedimento disciplinar. Aqui, na medida em que se presume a inocência do trabalhador durante a pendência daquele procedimento, a suspensão não determina a perda de remuneração (n.º 5 do artigo 67 da LT). É, no entanto, certo que relativamente ao procedimento disciplinar, a lei prevê um prazo máximo dentro do qual a decisão deve ser tomada e notificada ao trabalhador. Isto quer dizer que a sociedade, neste caso, sabe à partida quantas remunerações, no total, deverá pagar, o que já não acontece em relação a acção judicial intentada pela sociedade contra os administradores em que o *periculum in mora* é por demais evidente.

Esta disposição tem em vista evitar que um administrador contra quem a sociedade tenha instaurado uma acção para efectivação da responsabilidade civil possa representar a sociedade numa acção em curso contra ele – estariam certamente reunidas as condições para um conflito de interesses.

VIII. Temos assim consagrada a acção social *ut universi*, nos termos da qual cabe à sociedade intentar a acção social contra os administradores.

50. Acção proposta pelos sócios (Acção social *ut singuli* imprópria ou acção de grupo)

I. Dispõe o artigo 163 (acção de responsabilidade proposta por sócios):

> *"1. A acção de responsabilidade a favor da sociedade pode ser proposta por sócio ou sócios de responsabilidade ilimitada ou que detenham uma participação no capital social não inferior a dez por cento, se a sociedade não tiver já intentado a respectiva acção.*
> *2. No caso previsto no número anterior, deve ser provocada a intervenção da sociedade na acção, nos termos da lei do processo."*

A legitimidade para intentar acção social de responsabilidade dos administradores é, regra geral, atribuída à sociedade (acção social *ut universi*). Porém, a nossa lei prevê um meio subsidiário que permite o recurso àquela acção. Esta previsão tem em vista a protecção dos interesses das minorias dentro da sociedade, minorias compostas por sócios que não detenham uma participação social expressiva e que possam pretender intentar uma acção contra os administradores com vista à reparação de danos causados à sociedade. Convém, a este respeito, afirmar que, regra geral, os administradores gozam de um forte apoio da maioria dos sócios que os elegeu.

Assim, o nosso legislador, seguindo muito de perto as soluções previstas no CSC[219], conferiu aos sócios legitimidade para intentarem uma

---

[219] V. artigo 77 do CSC.

acção social contra os administradores, desde que representem, quer individualmente quer em grupo, pelo menos 10% do capital social (n.º 1 do artigo 163)[220]. Esta acção permite que os sócios possam, perante os administradores, defender os interesses da sociedade e não interesses próprios[221]. É certo que, exactamente por se reconhecer a existência de interesses próprios dos sócios, se confere igualmente na nossa lei a possibilidade de estes lançarem mão de acções individuais com este propósito. Mas sobre isso trataremos mais adiante.

Trata-se de uma solução que decorre do modelo francês de responsabilidade civil dos administradores, por via da qual, para pôr termo às dificuldades que se verificavam ao nível da responsabilização dos administradores, foi criada a acção social *ut singuli*[222], que permitia, no seu estado puro, que cada sócio, individualmente considerado, pudesse exigir dos administradores a reparação dos danos causados à sociedade.

Já atrás dissemos que entre nós a legitimidade não é atribuída a cada sócio individualmente considerado, mas sim em função de uma concentração, num sócio ou grupo de sócios, de uma percentagem do capital social. Assim, não podemos dizer que a acção social prevista no artigo 163 seja uma acção social *ut singuli* no verdadeiro sentido da palavra. Podemos assim tratá-la como uma acção de grupo ou, se quisermos, uma acção social *ut singuli* imprópria[223].

---

[220] Já se previa esta faculdade para os accionistas no âmbito da responsabilidade dos administradores das sociedades anónimas. Dispunha o n.º 1 do artigo 22 do Dec.-Lei n.º 49 381, de 15 de Novembro de 1969: "independentemente do pedido de indemnização dos danos individuais a eles causados, podem um ou vários accionistas, que representem pelo menos a décima parte do capital social, propor acção social de responsabilidade contra os administradores, com vista à reparação, a favor da sociedade, do prejuízo que esta tenha sofrido, quando a mesma a não haja solicitado."

[221] Ac. do STJ de 19 de Novembro de 1987, BMJ 371, 1987, p. 473. *"Em acção proposta pelos sócios, nos termos do art. 22º, nº 1, do Dec.-Lei nº 49 381, de 15 de Novembro de 1969 – acção social dos sócios – o direito exercido por estes não é um direito próprio, mas da sociedade, procurando-se efectivar a responsabilidade civil dos administradores ou gerentes perante esta"*. O artigo 22 referido naquele acórdão corresponde, em termos de conteúdo, àquilo que se dispõe no artigo 163.

[222] MENEZES CORDEIRO, *Da Responsabilidade Civil*, cit., 107-108; RAUL VENTURA, BRITO CORREIA; *Responsabilidade Civil*; BMJ 192, cit., p. 15 e ss, BMJ 193. cit., p. 139, 157.

[223] Neste sentido, referindo-se ao caso português, no qual está inserida uma solução (artigo 77 do CSC) que nos inspirou, cfr. MENEZES CORDEIRO, *Da Responsabilidade Civil*,

II. A parte final do n.º 1 do artigo 164 ("... se a sociedade não tiver já intentado a respectiva acção") permite-nos concluir pela natureza subsidiária da acção de grupo em relação à acção social *ut universi*[224]. É que só pode haver lugar a acção de grupo se a sociedade não tiver intentado a acção contra os administradores. Esta subsidiariedade justifica-se pelo facto de, com a acção social, quer seja intentada pela sociedade ou pelos sócios, se pretender acautelar um interesse da sociedade (social) e não individual dos sócios. Aliás, é a titularidade deste interesse que impõe que, nas acções de grupo, seja provocada a intervenção da sociedade, cujos termos processuais vêm regulados nos artigos 320 e ss do CPC – é o que decorre do n.º 2 do artigo 163.

III. O Dec.-Lei n.º 49 381, de 15 de Novembro de 1969, foi mais longe na regulamentação dos termos da acção de grupo[225]. Estabelecia o artigo 22 certos aspectos abaixo mencionados que julgamos muito importantes. Citemos:

"*1. (...)*
2. Os accionistas podem, no interesse comum, encarregar, à sua custa, um ou alguns deles de os representar, para o efeito de exercício do direito social previsto no número anterior.
3. O facto de um ou vários dos accionistas referidos nos números anteriores perderem tal qualidade ou desistirem, no decurso da instância, não obsta ao prosseguimento desta.
4. Se o réu alegar que o autor propôs a acção prevista neste artigo para prosseguir substancialmente interesses diversos dos protegidos por lei, pode requerer que sobre a questão assim suscitada recaia decisão pré-

---

cit., p. 115. "A contraposição entre acções individuais e sociais e a distinção, dentro destas, de acções *ut singuli* e *ut universi*, não se deve confundir com um outro tipo de acções: as acções de grupo (...) As acções de grupo não são *ut singuli*. Há, pois, uma imprecisão quando, na literatura portuguesa, se lhes dá tal designativo (...) De todo o modo, e porque esta designação é sugestiva e já está radicada, entre nós, poder-se-ia chamar, às acções de grupo, acções *ut singuli* impróprias. V. ainda FILIPE VAZ PINTO, MARCOS KEEL PEREIRA, *Responsabilidade Civil*, cit., p. 24.

[224] Tinha igualmente natureza subsidiária a acção de grupo prevista no artigo 22 do Dec.-Lei n.º 49 381, de 15 de Novembro de 1969.

[225] Tal como o CSC.

via ou que o autor preste caução, observando-se o disposto nos artigos 41.º e 42.º."[226]

As questões acima citadas não foram acolhidas pelo nosso legislador. Assim, e porque se trata de questões que já tiveram tratamento jurídico, ficamos com um vazio que reclama uma interpretação.

IV. Que dizer da representação em juízo dos sócios que intentam a acção de grupo? *Quid juris* se, na pendência da acção, algum ou alguns dos sócios que intentaram a acção de grupo perderem esta qualidade ou desistirem? Que procedimentos devem ser seguidos se os administradores, em defesa, alegarem que os sócios que intentaram a acção de grupo pretendem prosseguir um interesse diverso dos protegidos por lei? Estas questões, muito importantes, não mereceram a atenção do nosso legislador aquando da aprovação do Código Comercial em 2005. Como tratá-las juridicamente?[227]

V. Quanto à representação dos sócios em juízo, entendemos que a falta de uma disposição expressa que a regulamente legitima a ideia de que todos os sócios que intentaram acção de grupo devam fazer-se representar, enquanto parte, pessoalmente. De contrário teríamos uma situação clara de ilegitimidade. É que se a lei exige a concentração de sócios que representem no mínimo 10% do capital social, então, dada a inexistência de uma norma que permita o contrário, todos devem estar, enquanto partes da acção de grupo, pessoalmente representados.

VI. Questão duvidosa é igualmente a de saber se a acção poderá prosseguir em caso de desistência ou perda da qualidade de sócio de um ou mais sócios que intentaram a acção de grupo. Ora, se o interesse que os sócios pretendem acautelar pertence à sociedade, e, nos termos da lei, a sua intervenção no processo deve ser provocada pelos sócios, não nos repugna a ideia de que a perda da qualidade de sócios ou a desistência de

---

[226] O artigo 77 do CSC, que igualmente representa uma evolução do Dec.-Lei n.º 49 381, de 15 de Novembro de 1969, não se livrou, dada a sua pertinência, destas questões.

[227] RAUL VENTURA, BRITO CORREIA, *Responsabilidade Civil*, BMJ 193, cit., p. 157. "... *a acção ut singuli, quando não devidamente regulamentada, pode causar prejuízos à sociedade*".

um dos sócios não é causa suficiente para impedir o prosseguimento dos autos[228]. Quer isto dizer que a percentagem de 10% do capital social que a lei exige no n.º 1 do artigo 163 deve-se verificar no início da acção, sendo irrelevante que haja qualquer alteração no decurso da mesma.

VII. Já quanto à possibilidade dos administradores poderem requerer, quando aleguem que os sócios propuseram a acção para prosseguir interesses diversos dos protegidos por lei, que sobre a questão assim suscitada recaia decisão prévia ou que os sócios prestem caução, julgamos que a falta de uma disposição legal que a preveja representa um obstáculo para a sua aceitação. Com efeito, quanto aos termos do processo, e porque inexistem regras legais especiais, valerão as regras previstas para o regime geral das acções declarativas de condenação previstas no Código de Processo Civil.

Perde-se, sem dúvidas, um forte meio de defesa dos administradores, podendo a acção tornar-se num "instrumento de desgaste dos membros do órgão de administração"[229].

51. Acção sub-rogatória dos credores sociais

I. Vimos atrás que a acção social, seja ela *ut universi* ou *ut singuli* imprópria (temos vindo, e continuaremos, a designa-la como acção de grupo), depende da vontade dos sócios. Porém, o facto de a sociedade estar adstrita ao cumprimento das obrigações assumidas no desenvolvimento do seu objecto social justifica a fixação de meios de defesa dos credores susceptíveis de impedirem a redução da garantia patrimonial da sociedade – pois é o património da sociedade que responde, em primeira linha, pelas dívidas da sociedade[230].

---

[228] FILIPE VAZ PINTO, MARCOS KEEL PEREIRA, *Responsabilidade Civil*, cit., p. 25, citando RAUL VENTURA e BRITO CORREIA: *"a acção pode prosseguir mesmo que todos os sócios autores desistam ou percam a qualidade de sócio, na medida em que permanece o interesse da sociedade (... é desta o interesse em jogo)..."*.

[229] NOGUEIRA SERENS, *Notas Sobre a Sociedade Anónima*, Coimbra editora, Coimbra, 1997, p. 93

[230] RAUL VENTURA, BRITO CORREIA; *Responsabilidade Civil*, BMJ 193, cit., p. 159: *"Justifica-se essa acção dos credores na medida em que o património (o activo) da sociedade é a principal garantia dos créditos sociais e o direito da sociedade à indemni-*

Deste modo, por forma a proteger os credores das sociedades comerciais contra os actos danosos, ilícitos e culposos dos administradores que ponham em risco a garantia patrimonial da sociedade, dispõe o artigo 164 o seguinte:

"*1. (...)*
2. Sempre que a sociedade ou os sócios o não tenham feito, os credores da sociedade podem, desde que haja justo receio de diminuição relevante da garantia patrimonial, exercer o direito à indemnização de que a sociedade seja titular.
3. (...)"

Trata-se, de uma acção social, por um lado, subsidiária, e, por outro, sub-rogatória. Vejamos porquê.

II. O facto de a lei condicionar, na primeira parte do n.º 2 do artigo 164, o recurso a este meio processual à verificação da inércia da sociedade e dos sócios em intentarem as respectivas acções sociais, com vista a efectivação da responsabilidade civil dos administradores das sociedades, permite-nos concluir que aquela acção dos credores é subsidiária, só podendo haver lugar a ela quando uma acção social *ut universi* ou de grupo não tenha sido intentada.

Para além da subsidiariedade, é possível ainda aqui verificar estarmos em face de uma acção sub-rogatória. Com efeito, a acção contra os administradores é dirigida à satisfação de um interesse que, embora mediatamente lhes diga respeito (daí a sua legitimidade para intentarem a acção), pertence directamente à sociedade, devedora do credor. É, de resto, significativo que, de acordo com a parte final daquele n.º 2 do artigo 164, os credores exercem o direito à indemnização de que a sociedade é titular.

Embora se não diga expressamente, entendemos ser de aplicar os artigos 606 e ss, disposições que regulam a "sub-rogação do credor ao devedor"[231].

---

zação dos administradores faz parte desse património (activo), não havendo razão para que os credores sejam assim indirectamente prejudicados pelos actos dos administradores ou pela inacção da sociedade relativamente à responsabilidade destes".

[231] O CSC di-lo expressamente no n.º 2 do artigo 78.

III. A lei nada diz sobre se qualquer credor pode recorrer àquele meio processual ou não. Ora, onde a lei não distingue não cabe ao intérprete distinguir. Assim, podemos considerar que qualquer credor, desde que tenha fundado receio na diminuição da garantia patrimonial da sociedade, pode recorrer a esta acção sub-rogatória.

Também não se manifesta na mesma fonte se a indemnização requerida a favor da sociedade deve corresponder à quota-parte do credor ou se, pelo contrário pode extravasa-la. Julgamos, na medida em que o que se pretende é, em última instância, garantir que a sociedade tenha solvabilidade suficiente para cumprir com a obrigação assumida perante o credor, que o valor a cobrar a título de indemnização deve ser correspondente ao crédito que se pretende acautelar.

IV. Caberá ao credor sub-rogante demonstrar os elementos probatórios do justo receio de diminuição da garantia patrimonial, requisito de que a lei faz depender a procedência do exercício da acção sub-rogatória dos credores.

V. A propósito da acção sub-rogatória, o Código Comercial prevê, no n.º 6 do artigo 125 a possibilidade dos credores poderem exercer o direito à indemnização de que a sociedade seja titular, se, com a concorrência da vontade do administrador e do sócio dominante, o património social se tornar insuficiente para a satisfação dos seus créditos em consequência da prática, celebração ou execução de qualquer acto ou contrato previstos nas als. *b)*, *c)* e *d)* do n.º 3 da mesma disposição legal.

VI. Questão importante é também a de saber se a renúncia ou transacção do direito à indemnização, faculdade concedida no n.º 3 do artigo 161, impede os credores de intentarem uma acção com vista à responsabilização dos administradores pelos danos causados à sociedade.

A resposta a esta questão passa pela conjugação do n.º 2 do artigo 163 com o n.º 3 do artigo 161. Com efeito, se a renúncia ou a transacção não constituir uma diminuição relevante da garantia dos credores, estes estão impedidos de recorrer àquela acção. De contrário, poderão os credores intentar as competentes acções com vista a exercerem o direito à indemnização de que a sociedade é titular.

CAPÍTULO VI
NATUREZA JURÍDICA

52. Considerações gerais

Já antes nos referimos aos deveres legais e contratuais (derivados dos estatutos e das deliberações sociais)[232] cuja violação pode desencadear a responsabilização dos administradores para com a sociedade, credores, sócios e terceiros.

Chegados a este ponto, interessa-nos determinar a natureza jurídica da responsabilidade dos administradores, sabido que, em termos gerais, existem duas grandes distinções nos termos das quais a responsabilidade civil se apresenta como *subjectiva* ou *objectiva* e *contratual* ou *extracontratual* (*delitual* ou aquiliana).

Analisemos, pois, quais as roupagens que a responsabilidade dos administradores perante a sociedade pode assumir. Para o efeito, tomaremos como farol que orientará a nossa caminhada o disposto no n.º 1 do artigo 160:

> *"Os administradores respondem para com a sociedade pelos danos que lhe causarem por actos ou omissões praticados com preterição dos deveres legais ou estatutários, salvo se provarem que agiram sem culpa".*

---

[232] Esta designação – deveres contratuais – é aqui tomada, como avança MENEZES CORDEIRO, "no sentido de privado, por oposição a legal; cfr. MENEZES CORDEIRO, *Da Responsabilidade Civil*, cit., p. 494.

53. Responsabilidade subjectiva e responsabilidade objectiva

I. A base da distinção entre a responsabilidade subjectiva e objectiva radica na relevância que a culpa tem na determinação da obrigação de indemnizar. Assim, quando a lei exige a culpa como *conditio sine qua non* para a responsabilização do agente, estaremos perante a responsabilidade subjectiva, e, no caso contrário, responsabilidade objectiva.

Por culpa deve entender-se o juízo de censurabilidade por o agente ter actuado como actuou, violando comandos normativos, quando podia e devia ter agido de modo contrário. É justificável que assim seja, pois, à partida, as pessoas têm conhecimento[233] dos deveres a que estão adstritas. Violando os deveres, há que apurar se a actuação do agente foi voluntária ou descuidada, omissiva dos necessários deveres de cuidado.

Analisando o artigo 160, facilmente se constata que a responsabilidade dos administradores para com a sociedade se situa no domínio da responsabilidade subjectiva. Repare-se que a lei fixa, na parte final daquele preceito, uma *presunção de culpa*[234-235] dos administradores pelos danos

---

[233] A este respeito, o artigo 6 do CC preceitua que *"a ignorância ou má interpretação da lei não justifica a falta do seu cumprimento nem isenta as pessoas das sanções nela estabelecidas"* – pode-se daqui retirar uma presunção jure et de jure de conhecimento das leis, a partir do momento em que as mesmas se tornam eficazes (com a publicação e decurso da *vacatio legis* – artigo 5 do CC).

[234] No domínio da vigência do Dec.-Lei n.º 49 381, de 15 de Novembro de 1969, assim o entendeu o STJ, em acórdão proferido em 19 de Novembro de 1987, ao determinar que: "A responsabilidade civil dos administradores (e gerentes) face à sociedade baseia-se na culpa – responsabilidade subjectiva –, como se deduz do artigo 17, n.º 2, do Decreto-Lei n.º 49 381, onde se admite que os administradores deixem de responder para com a sociedade se provarem que procederam sem culpa"; cfr. BMJ n.º 371, 1987, p. 473.

[235] Com a presunção de culpa imputada aos administradores inverte-se, por força do que dispõe o n.º 1 do artigo 344 do CC, a regra geral do ónus da prova prevista no artigo 342 do CC, que determina que o ónus de prova corre por conta daquele que invoca o direito violado que, *in casu*, seria a sociedade. Em bom rigor, inverte-se somente o ónus de prova da culpa enquanto pressuposto da responsabilidade civil, pois quanto aos restantes elementos, continua a sociedade onerada a apresentar os elementos probatórios.

Trata-se, no que diz respeito à responsabilidade dos administradores para com a sociedade, de uma solução que teve a sua origem na sua 2ª parte do n.º 2 do § 93 (este artigo correspondia com um conteúdo ligeiramente diferente, tanto que corresponde, no fundo, a um aperfeiçoamento, ao § 84 do AktG 1937) do AktG 1965.

resultantes das suas acções ou omissões com preterição dos deveres legais ou estatutários.

Não se justificam mais desenvolvimentos sob pena de descarrilarmos numa análise que não tem aqui a sua sede, mas sim no regime geral da responsabilidade civil.

II. Que dizer da responsabilidade objectiva? Esta, de um modo geral, não carece de culpa como seu elemento caracterizador. Não se procede aqui àquele juízo de censura virado ao comportamento do agente, antes pelo contrário, parte-se de um conjunto de situações predefinidas e determina-se a responsabilidade de certas pessoas que podem até nem ser aquelas que materialmente praticaram o acto sobre que recai a responsabilidade civil. Dito por outras palavras, quando determinados benefícios são usufruídos por determinada pessoa, impõe-se, em determinadas situações, que estas se responsabilizem pelos actos de que a mesma se pretendia beneficiar – é o mesmo que dizer que quem retira vantagem de determinada actividade deverá, regra geral, suportar os prejuízos que dela advenham. Esse pensamento expressa-se pela máxima *"ubi commoda ibi incommoda"*.

Não se vislumbra no artigo 160 comando algum que determine que os administradores possam responder perante a sociedade independentemente de culpa. De acordo com o princípio geral previsto no n.º 2 do artigo 483 do CC, tal responsabilidade que independe da culpa só existe *"nos casos especificados na lei"*. Percorrendo o Código Comercial, não deparamos com nenhuma situação susceptível de ser reconduzida a modalidade de responsabilidade objectiva pelos danos provocados pelos administradores para com a sociedade.

Na verdade, trata-se de um regime muito gravoso e de alto risco que, a existir para os administradores, poderia servir como um factor de desistímulo para as pessoas abraçarem o cargo de administrador[236].

Algumas normas, no entanto, constantes do Código Comercial traduzem verdadeiros comandos subsumíveis à responsabilidade objectiva.

Assim, de acordo com artigo 89 conjugado com o artigo 500 do CC e n.º 3 do artigo 151, a sociedade responde pelos actos dos seus administradores independentemente de culpa, desde que sobre este recaia também a obrigação de indemnizar. É certo que, até porque não poderia ser o

---

[236] RAÚL VENTURA, BRITO CORREIA; *Responsabilidade Civil*, BMJ 193, p. 7.

contrário, a lei determina que a sociedade tenha, caso satisfaça a indemnização em que foi condenada, o competente direito de regresso (n.º 3 do artigo 500 do CC).

54. Responsabilidade contratual e extracontratual

Outra questão relativa à responsabilidade dos administradores para com a sociedade prende-se em determinar se a mesma é contratual ou extra-contratual, delitual ou aquiliana. De acordo com a doutrina portuguesa já sedimentada[237], que muito de perto seguimos, a responsabilidade contratual traduz-se na violação de obrigações – que podem resultar não só de contratos, mas também de outras fontes, *v.g.*, de negócios unilaterais – pré-existentes, enquanto que a responsabilidade extracontratual deriva da violação de um dever geral de respeito por parte do agente. Concretizemos melhor a ideia: quer na responsabilidade contratual quer na extracontratual o dever de indemnizar tem na sua base a existência de uma acção culposa e ilícita da qual resultem danos; todavia, na responsabilidade contratual, a ilicitude resulta da violação de uma obrigação pré-assumida perante determinada pessoa enquanto que na responsabilidade extracontratual ela se traduz na violação de um dever geral de respeito em relação a qualquer pessoa (e não particularmente de *Fulano* ou *Beltrano*).

Ora, independentemente da tese que possamos defender relativamente à situação jurídica da administração[238], situação essa que traduz a relação existente entre a sociedade (mas já não os sócios) e os administradores, sempre se concluirá que entre estes sujeitos existe uma situação jurídica concreta geradora de direitos e de obrigações para ambas as partes. Esses deveres, como dissemos e continuaremos a dizer, podem resultar da lei, dos estatutos ou das deliberações sociais – os administradores têm um conhecimento dos mesmos, conhecimento este que antecede a sua violação[239], razão pela qual não podemos deixar de concluir que a respon-

---

[237] V., entre outros, RAÚL VENTURA, BRITO CORREIA, *Responsabilidade Civil*, cit., p. 8 e ss;

[238] Cfr. *supra*, n.os 8 e 9.

[239] Nem mesmo a ignorância da lei ou a sua má interpretação poderão eximir os administradores das sanções estabelecidas para a violação dos seus deveres (artigo 6 do CC).

sabilidade dos administradores para com a sociedade tem uma natureza contratual[240].

Não vemos espaço no direito positivo que ampare o enquadramento da responsabilidade dos administradores para com a sociedade como sendo uma responsabilidade extracontratual. É certo, claro, como mais adiante veremos, que esta modalidade de responsabilidade pode ser imputada aos administradores, mas não nesta sede[241].

---

[240] MENEZES CORDEIRO, *Da responsabilidade civil*, cit., p. 493 e ss; RAUL VENTURA, BRITO CORREIA, *Responsabilidade Civil*, BMJNº 193, cit, p. 8 e ss; PUPO CORREIA, *Sobre a responsabilidade por dívidas sociais dos membros dos órgãos da sociedade*, in http://www.oa.pt/upl/%7Bf063d78b-bf74-4991-b758-ed2beb7677c3%7D.pdf, consultado em 10 de Outubro de 2010.

[241] Cfr. *supra*, n.º 57.

PARTE V

RESPONSABILIDADE DOS ADMINISTRADORES PARA COM TERCEIROS

CAPÍTULO I
ASPECTOS SUBSTANTIVOS

55. Considerações gerais

A responsabilidade dos administradores para com terceiros está, à semelhança do vimos em relação à responsabilidade daqueles perante a sociedade, dependente da existência de determinados pressupostos. Estes pressupostos são-nos fornecidos, de um modo geral, pelo artigo 483 do CC, a ele recorrendo subsidiariamente, e pelo n.º 1 e 3 do artigo 164, no que diz respeito à responsabilidade perante os credores, e artigo 165, relativamente aos sócios e os restantes terceiros.

56. O facto voluntário

Aqui, pouco ou nada há a acrescentar relativamente ao que dissemos quanto à responsabilidade civil dos administradores perante a sociedade[242]. No essencial, o ponto de partida é a existência de uma acção ou omissão dos administradores, praticada no exercício das suas funções.

57. A ilicitude

I. Conceitualmente nada há a acrescentar ao que antes dissemos em relação à responsabilidade civil dos administradores perante a sociedade[243]. Porém, alguns comentários adicionais se impõem no que diz respeito à natureza das normas cuja violação é passível de responsabilizar os administradores perante os terceiros.

---

[242] Cfr. *supra*, n.º 31.
[243] Cfr. *supra*, n.º 32.

II. Respondem os administradores, dispõe o n.º 1 do artigo 164, pela inobservância de uma disposição legal ou estatutária, principal ou exclusivamente destinada à protecção dos credores das sociedades comerciais.

Quer isto dizer que a ilicitude não pode ser aqui tomada em toda a extensão que o regime geral da responsabilidade civil permite, ou seja, a ilicitude aqui não resultará da violação de *direito* dos credores, mas sim de *disposições legais ou estatutárias*[244] destinadas a proteger interesses destes.

Mas um requisito é ainda imposto na parte final do n.º 1 do artigo 164. Com efeito, não bastará para formar o juízo de ilicitude que tenha havido a violação de disposições legais ou estatutárias destinadas à protecção dos credores das sociedades. Será ainda necessário que desta violação resulte a *insuficiência do património para a satisfação dos créditos destes*. Nesta base, podemos apontar como exemplos as normas relativas à conservação do capital social previstas nos artigos 108 (quinhão nos lucros e perdas), 109 (lucro e limites à sua distribuição), 110 (deliberação de distribuição de lucros) e 111 (restituição de bens indevidamente recebidos).

Aplicam-se também aqui, *mutatis mutandis*, as situações excluidoras da ilicitude previstas nos n.os 2 e 3 do artigo 160, por força do que dispõe o n.º 3 do artigo 164[245].

III. Que dizer da ilicitude quanto à responsabilidade dos administradores perante os sócios ou os restantes terceiros?

Estabelece a lei que estes respondem igualmente "nos termos gerais", ou seja, exige-se como facto consubstanciador da ilicitude que haja uma violação do "direito de outrem ou qualquer disposição legal destinada a proteger interesses alheios". A este respeito, expendem RAUL VENTURA e BRITO CORREIA: "... os administradores podem assumir responsabilidade delitual para com terceiros, desde que, como regra pratiquem, no exercício das suas funções, actos danosos, ilícitos e culposos, violadores de certos deveres gerais – quer sejam delitos civis comuns (por exemplo, a danificação do prédio de um terceiro para beneficiar a construção de uma fábrica da sociedade), quer delitos civis próprios do direito

---

[244] MENEZES CORDEIRO, *Da Responsabilidade Civil*, cit., p. 495: "*A lei admite, ..., que, do pacto social, resultem normas de protecção, susceptíveis de tutela aquiliana, nos termos gerais*".

[245] Cfr. *supra*, n.º 32.

das sociedades (por exemplo, a publicação de um balanço falso de que resultem danos para terceiros)"[246].

58. A culpa

I. Conceitualmente, remetemos para o já analisado em sede de responsabilidade para com a sociedade[247].

Porém, impõem-se aqui algumas notas adicionais que, no essencial, ressaltam certos aspectos diferenciadores. Concentrar-nos-emos, assim, *(i)* na questão relativa ao ónus de prova da culpa e *(ii)* no critério de aferição de culpa.

II. Dissemos, quando nos referíamos à responsabilidade dos administradores perante a sociedade, que aqui vigorava o princípio da presunção da culpa dos administradores (n.º 1 do artigo 160)[248]. Deste modo, caberia à sociedade demonstrar a existência dos factos constitutivos do dano, do nexo de causalidade e da ilicitude, sendo certo que, relativamente à culpa, e dada a posição privilegiada que os administradores assumem na sociedade (são eles quem tem à sua disposição todo o conjunto de informações que antecederam e acompanharam a prática do acto) que lhes permite provar a sua inocência com relativa facilidade, aquele exercício seria da responsabilidade dos administradores – vimos tratar-se aqui de uma situação de inversão do ónus da prova prevista no artigo 344 do CC. Ora, esta conclusão é determinada pelo facto de a responsabilidade dos administradores para com a sociedade ser de natureza contratual.

Será de se aplicar o mesmo regime em relação à responsabilidade de que temos estado a tratar agora?

Logicamente que a resposta será negativa. Negativa porque a responsabilidade dos administradores perante terceiros é de natureza extracontratual, devendo-se, nestes casos, recorrer ao previsto no n.º 1 do artigo 487 do CC. Dispõe esta disposição o seguinte:

"*É ao lesado que incumbe provar a culpa do autor da lesão, salvo havendo presunção legal de culpa*"

---

[246] RAUL VENTURA, BRITO COREIA, *Responsabilidade Civil*, BMJ 194, cit., p. 45.
[247] Cfr. *supra*, n.º 33.
[248] Cfr. *supra*, n.º 33.

Não existe aqui tal presunção. Caberá, deste modo, aos terceiros (credores, sócios ou os restantes terceiros) a prova de que o acto praticado pelos administradores, do qual resultaram danos para a sua esfera jurídica, procede da culpa destes.

III. O critério de apreciação da culpa merece igualmente um esclarecimento adicional da nossa parte.

Retomemos o artigo 150, citando-o:

> *"Os administradores de uma sociedade devem actuar com diligência de um gestor criterioso e ordenado, no interesse da sociedade, tendo em conta os interesses dos sócios e dos trabalhadores".*

Esta disposição impõe que os administradores actuem de acordo com aquele padrão de conduta sempre que estejam no exercício das suas funções. Vimos igualmente que a responsabilidade dos administradores para com terceiros só pode resultar de actos praticados no exercício das funções (n.º 1 do artigo 164 e artigo 165).

Nestes termos, julgamos que o padrão de conduta exigível aos administradores, nos termos do artigo 150, deveria tomar em conta os interesses não só da sociedade, sócios e trabalhadores, mas também dos credores sociais.

Expliquemo-nos porquê.

O n.º 1 do artigo 164 determina que os administradores devem actuar por forma a não violar normas destinadas à protecção dos credores das sociedades a ponto de tornar o património destas insuficiente para a satisfação dos seus créditos. Quer isto dizer, julgamos nós sem nenhum reparo, que os administradores, em bom rigor, devem considerar os interesses dos credores sempre que actuem em cumprimento dos deveres legais ou contratuais.

Ora, se assim é, então julgamos que o artigo 150, que fixa o sentido no qual aquele padrão de conduta baseado no gestor criterioso e ordenado deve ser dirigido, poderia ter dito pouco mais, contemplando, por conseguinte, a referência ao interesse dos credores.

59. O dano e o nexo de causalidade

No mesmo diapasão se orienta este pressuposto em comparação com aquilo que vimos a propósito da responsabilidade dos administradores para com a sociedade[249].

Há, no entanto, que sublinhar um aspecto.

Na responsabilidade dos administradores para com os credores da sociedade, a lei já fixa qual é dano que releva para esse efeito. Nesta esteira, o n.º 1 do artigo 164 determina como dano relevante a insuficiência patrimonial para a satisfação dos créditos dos credores da sociedade.

---

[249] Cfr. *supra*, n.º 34.

CAPÍTULO II
FACTOS EXTINTIVOS

60. Considerações gerais

Ao tomarmos conhecimento da natureza jurídica da responsabilidade civil dos administradores perante terceiros, constataremos estar em face de uma responsabilidade do tipo extracontratual e subjectiva, sendo certo que os seus elementos constitutivos são aferidos, regra geral, nos termos gerais da responsabilidade civil[250].

Assim sendo, os factos extintivos dessa responsabilidade serão, regra geral, à semelhança dos elementos constitutivos, essencialmente aferidos nos mesmos termos[251].

61. Renúncia. Remissão. Transacção

I. Valem aqui as considerações que tecemos acerca da responsabilidade dos administradores para com a sociedade[252], com a particularidade de que, neste domínio, e porque se trata do exercício de um direito próprio do terceiro (o que se vai dizer assume particular importância para os sócios), já não se exige que o recurso a renúncia, remissão ou transacção esteja dependente da aprovação de uma deliberação social expressiva da vontade dos sócios naquele sentido.

---

[250] Cfr. *infra*, n.º 66.
[251] RAUL VENTURA, BRITO CORREIA, *Responsabilidade Civil*, BMJ 194, cit., p. 65, 108-109.
[252] Cfr. *supra*, n.ºs 36, 37 e 38.

Pode, assim, a obrigação de indemnizar imputável aos administradores ser extinta por renúncia dos terceiros, ou através de um acordo de remissão ou de transacção[253], resultante de uma vontade própria

II. Coloca-se, no entanto, o problema de saber se o facto de determinado sócio votar a favor da renúncia ou da transacção no que diz respeito ao direito à indemnização da sociedade pelos danos causados pelos administradores, hipótese prevista no n.º 3 do artigo 161, representará concomitantemente uma extinção do direito próprio do mesmo – isso nos casos em que o facto danoso do administrador seja susceptível de constitui-lo em responsabilidade para com a sociedade (acção social) e para com os sócios (acção individual[254]).

Parece-nos de rejeitar esta possibilidade. É que o voto expresso pelo sócio relativamente à extinção do direito à indemnização da sociedade é, no fundo, uma resposta a uma proposta que se insere no exercício da acção social que se distingue, já o dissemos, da acção individual. Aliás, a negação do que acabamos de dizer esfumaria por completo a distinção entre as acções sociais *ut singuli* (mesmo quando impróprias) e as acções individuais[255].

62. Prescrição

I. A prescrição, enquanto facto extintivo dos direitos resultantes da inércia do seu titular, *in casu*, os terceiros, em exercitar o direito à indemnização de que os administradores são devedores assume algumas particularidades que convém assinalar.

II. Com efeito, aplicando à responsabilidade civil dos administradores perante terceiros o regime geral, o prazo prescricional aplicável seria o prazo ordinário de vinte anos, previsto no 309 do CC. Todavia, o legis-

---

[253] RAUL VENTURA, BRITO CORREIA, *Responsabilidade Civil*, BMJ 194, cit., p. 65, 109.

[254] A mesma questão não tem relevância para os terceiros que não sejam sócios.

[255] RAUL VENTURA, BRITO CORREIA, *Responsabilidade Civil*, BMJ 194, cit., p. 109--110.

lador tratou de fixar um regime especial nesta matéria, ab-rogando tacitamente o regime geral[256].
Estabelece o n.º 2 do artigo 252 o seguinte:

"Prescrevem no prazo de cinco anos, a partir do momento referido na alínea b)[257] do número anterior, os direitos dos sócios e de terceiros, por responsabilidade para com eles de outros sócios, administradores..."

Só assim *não* será se, tal como dispõe o n.º 5 do artigo 252, os danos provocados pelos administradores perante terceiros constituirem, para além de ilícitos civis, ilícitos criminais sujeitos a um prazo prescricional mais longo, porque, nestes casos, será este o prazo aplicável.

III. Este prazo é, no entanto, passível de suspensão nos termos gerais. Assim, entendemos que o prazo prescricional suspender-se-á nas hipóteses previstas na *al. a)* do artigo 318 (*quando o administrador e o terceiro estejam casados, ainda que separados judicialmente de pessoas e bens*), 319 (*quando o terceiro seja um militar em serviço, ou uma pessoa adstrita, por motivos de serviço, às forças militares, durante tempo de guerra ou mobilização, dentro e fora do País*), 320 (*relativamente aos menores, interditos e inabilitados que, de uma forma geral são protegidos quando, não tenham ainda quem os represente legalmente*), 321 (*casos de força maior*) e 322 (*prescrição de direitos da herança*), todos do CC.

---

[256] Como referem RAUL VENTURA, BRITO COREIA, *Responsabilidade Civil*, BMJ 194, cit., p. 66-67: *"... sendo admissível a responsabilidade civil da sociedade perante terceiros, concorrente com a do administrador, por um mesmo facto, seria ilógico e injusto aplicar prazos diferentes a cada um dos responsáveis".*

[257] A *al. b)* aí referida fixa o momento a partir do qual se inicia a contagem daquele prazo.

CAPÍTULO III
GARANTIAS DAS OBRIGAÇÕES DOS ADMINISTRADORES

63. O património dos administradores

O património, à semelhança do que vimos quanto à responsabilidade dos administradores perante a sociedade, responde, também aqui, pelas obrigações resultantes dos actos danosos causados a terceiros no exercício das suas funções (artigo 601 do CC). Valem, de resto, as considerações que tecemos a respeito da responsabilidade dos administradores perante a sociedade[258].

64. Cumulação de responsabilidades. Solidariedade passiva

I. Já atrás dissemos que a sociedade responde independentemente de culpa (responsabilidade pelo risco) pelos actos culposos dos seus administradores, por remissão para o regime da responsabilidade do comitente[259]. Trata-se, no fundo, da aceitação da cumulação de responsabilidades que, nem sempre se mostrou pacífica na doutrina.

II. Contudo, embora não tenham reunido a simpatia da generalidade da doutrina, houve quem defendesse a inadmissibilidade da cumulação de responsabilidades da sociedade e dos administradores. Neste sentido se orientaram as doutrinas negativistas.

---

[258] Cfr. *supra*, n.º 40.
[259] Cfr. *supra*, n.º 51.

Assim, alguns entendiam que a sociedade só devia responder pelos actos lícitos dos seus órgãos, mas já não pelos actos ilícitos[260].

Mas ainda dentro das doutrinas negativistas, existe outra orientação. Com efeito, alguns Autores negam a possibilidade da cumulação de responsabilidades baseando-se na teoria orgânica. Para estes, tal como os actos lícitos dos órgãos são juridicamente imputados à sociedade, então os actos ilícitos também o serão[261], ficando os administradores libertos de toda e qualquer responsabilização.

III. Noutro diapasão, encontramos os defensores das doutrinas afirmativas[262]. Deparamo-nos fundamentalmente com duas orientações.

Uma, assumindo que estamos em face da responsabilidade por facto de outrem, aceita a cumulação de responsabilidades, imputando à sociedade uma responsabilidade indirecta e ao administrador uma responsabilidade directa. É a corrente que defende a teoria do *cúmulo de responsabilidade indirecta e directa*[263].

Admitindo ainda a cumulação de responsabilidades, muitos defensores da teoria orgânica admitem a existência de uma responsabilidade directa quer da sociedade quer dos seus órgãos que praticaram o facto. Facilmente se compreende a responsabilidade directa da sociedade perante terceiros, pois, aqui, os actos dos órgãos são juridicamente imputados àquela. Já a responsabilidade, igualmente directa dos órgãos, resulta do facto de se admitir que o acto juridicamente imputado à sociedade ser "sempre o resultado da vontade do indivíduo que age como órgão e por isso é este a causa imediata do dano"[264]. Estamos aqui em face da teoria do *cúmulo de responsabilidades directas*. Esta teoria, avançam RAUL VENTURA e BRITO CORREIA, "suscita... uma dúvida: como se compreende

---

[260] Embora a não defendam, RAUL VENTURA, BRITO COREIA, *Responsabilidade Civil*, BMJ 194, cit., p. 71, fazem referência a esta orientação.

[261] Esta orientação não foi sequer seguida por OTTO GIERKE, não obstante o facto de ter sido o idealizador desta teoria; v. RAUL VENTURA, BRITO COREIA, *Responsabilidade Civil*, BMJ 194, cit., p. 71.

[262] RAUL VENTURA, BRITO COREIA, *Responsabilidade Civil*, BMJ 194, cit., p. 72 e ss.

[263] Neste sentido, FRANCESCO FERRARA, GUSTAVO MINERVINI, JEAN CARBONNIER, citados por RAUL VENTURA, BRITO COREIA, *Responsabilidade Civil*, BMJ 194, cit., p. 72, 78.

[264] RAUL VENTURA, BRITO COREIA, *Responsabilidade Civil*, BMJ 194, cit., p. 73. Entre os defensores desta corrente, OTTO GIERKE, ENNECCERUS-NIPPERDEY, LEON MICHOUD, ADRIANO FIORENTINO, todos eles citados por aqueles dois Autores na obra atrás referida. Ainda no mesmo sentido, v. MANUEL DE ANDRADE, *Teoria Geral*, vol. I, cit., p. 156.

que o mesmo acto seja imputado como acto próprio simultaneamente a duas pessoas – a pessoa colectiva e o titular do órgão – administrador? ... como se compreende que, para a generalidade dos efeitos jurídicos, atribuindo-se relevância apenas à imputação jurídica do acto do órgão à pessoa colectiva e relegando-se para o plano dos simples factos a imputação psicológica do acto ao indivíduo titular do órgão, esta imputação psicológica readquira relevância jurídica?"[265].

IV. Ora, quer se adopte uma ou outra corrente, o certo é que concluiremos sempre pela solidariedade da responsabilidade dos administradores e da sociedade, solução que resultaria do artigo 500 do CC para o cúmulo de responsabilidade indirecta da sociedade e directa dos administradores, e os artigos 490 e 497, todos do CC, para o cúmulo de responsabilidades directas[266].

No entanto, analisadas as disposições previstas nos artigos 89 e n.º 3 do artigo 151, concluiremos que o nosso legislador optou pela consagração do cúmulo de responsabilidade indirecta da sociedade e directa dos administradores. Isto porque se remete, naquelas disposições, para o regime da responsabilidade do comitente, cuja previsão legal consta do artigo 500 do CC.

Assim, caso a sociedade (comitente) satisfaça o direito à indemnização dos terceiros, terá o direito de exigir do administrador (comissário) o reembolso de tudo quanto haja pago, excepto se houver também culpa da sua parte, caso em que o direito de regresso existirá na medida das respectivas culpas e das consequências que delas advierem, presumindo-se iguais as culpas de ambas as partes (n.º 3 do artigo 500, conjugado com o n.º 2 do artigo 497, todos do CC).

V. No que diz respeito à responsabilidade dos administradores para com os credores da sociedade, poderá haver culpa da sociedade quando o facto praticado pelo administrador assente numa deliberação dos sócios, excepto nos casos das hipóteses previstas no n.º 5 do artigo 125 ou se a deliberação tiver sido tomada sob proposta dos administradores[267].

---

[265] RAUL VENTURA, BRITO COREIA, *Responsabilidade Civil*, BMJ 194, cit., p. 73.
[266] *Idem*, p. 78-79.
[267] Já atrás vimos que, em relação às sociedades anónimas, os accionistas só podem deliberar a pedido do órgão de administração" – n.º 3 do artigo 412.

Dissemos ser este regime aplicável à responsabilidade dos administradores perante os credores porque tal resulta da remissão constante do n.º 3 do artigo 164 para o n.º 4 do artigo 160, de onde se retira o que acima dissemos.

Mas ainda assim, será sempre necessário que tenha havido igualmente culpa do administrador no dano provocado aos credores, pois, de contrário, a sociedade também não se responsabilizará.

VI. Que dizer da responsabilidade dos administradores para com os sócios e os restantes terceiros? A lei nada diz no artigo 165.

Ora, afigura-se aqui uma grande dificuldade de construir hipóteses nas quais se podem subsumir uma repartição de responsabilidades entre os administradores e a sociedade. Isto porque faltaria sempre o fundamento legal para o efeito.

VII. Chegados a este ponto, torna-se mais fácil concluir que a solidariedade da responsabilidade da sociedade e dos administradores funciona como uma verdadeira garantia face a terceiros, na medida em que, desde que haja culpa do administrador, a sociedade não pode eximir-se da obrigação de indemnizar – visto a sua responsabilidade ser objectiva. Se é certo que o património dos administradores poderá, muitas vezes, não ser suficiente para reparar os prejuízos de terceiros, o mesmo já não acontecerá, em princípio, em relação ao património das sociedades.

CAPITULO IV
ASPECTOS PROCESSUAIS

65. Questões básicas. Remissão

À responsabilidade dos administradores perante terceiros – incluindo credores, na medida em que o Código Comercial não prevê, relativamente aos mesmos, nenhum regime especial – aplicar-se-á o regime geral resultante da aplicação das regras do processo civil. Na verdade, não existem aspectos especiais, designadamente de determinação da legitimidade (tal como vimos em relação à responsabilidade dos administradores para com a sociedade).

Chamamos particular atenção para o facto de que, neste domínio, os sócios já não actuam em defesa dos interesses da sociedade, mas sim em defesa de interesse próprio. Estamos já não no domínio das acções de grupo mas sim no domínio das acções individuais ou próprias[268].

---

[268] Em anotação ao artigo 31 da LSQ, disse ABÍLIO NETO, citando um Ac. do STJ de 4 de Junho de 1974:

"(…) É que, a todo o direito, excepto quando a lei determine o contrário, corresponde uma acção, destinada a fazê-lo reconhecer em juízo ou a realizá-lo coercivamente (artigo 2º do Código de Processo Civil).

E quando o artigo 35º da Lei de 11 de Abril de 1901 faz depender de deliberação de sócios a propositura de certas acções, refere-se apenas às que foram movidas pela própria sociedade, em nada coarctando o direito dos sócios, individualmente, exigirem aos gerentes a prestação de contas.

Assim, não pode entender-se que este direito dependa de as contas terem sido recusadas ou da precedência de qualquer deliberação em assembleia geral"; ABÍLIO NETO, *Sociedades por Quotas*, cit., p. 281-282.

Assim, todos os pressupostos processuais[269] serão aferidos em função do Código de Processo Civil. Porém, não é nossa intenção desenvolver esta temática, até porque não o fizemos também em relação à responsabilidade dos administradores perante a sociedade. Mas mais do que isso, é que esta não é sede própria para o efeito.

---

[269] Sobre os pressupostos processuais, v., entre outros, TOMÁS TIMBANE, *Lições de Processo Civil I*, Maputo, Escolar Editora, 2010, p. 197-253.

CAPÍTULO V
NATUREZA JURÍDICA

66. Considerações gerais

I. Todo aquele que esteja fora da relação sociedade – administrador pode, em sentido amplo, ser considerado terceiro[270]. Nesta categoria encontraremos os sócios, os credores, os trabalhadores da sociedade, etc.
Ora, a actuação dos administradores, quando ilícita e culposa, é igualmente susceptível de causar danos na esfera jurídica dos terceiros. Logicamente que não nos referimos a todos os danos que os administradores venham a causar a terceiros, mas, e por maioria de razão, aos cometidos no exercício das suas funções (artigo 165 e n.º 1 do artigo 164)[271].

II. É certo, como vimos atrás, que determinadas pessoas que integram o universo dos terceiros, designadamente os sócios e credores, podem, quando a sociedade o não faça, intentar acções sociais com vista à efectivação de responsabilidade civil dos administradores perante a sociedade. Porém, aqui, diferentemente do que vimos anteriormente, o direito ou interesse que os sócios ou credores pretendem acautelar já não é da sociedade, mas sim próprio. Confere-se assim, aos sócios e credores, o direito não só de intentarem acções sociais, mas igualmente acções individuais.

---

[270] RAUL VENTURA, BRITO CORREIA, *Responsabilidade Civil*, BMJ 194, 1970, p. 5, 82, BMJ 192, cit., 24-25. Segundo ANA PRATA, *Dicionário Jurídico*, cit., p. 1410 *"num negócio jurídico, terceiro, por contraposição a parte, é todo aquele que não é nem o autor da declaração nem o seu destinatário. Os terceiros podem, no entanto, ser pessoas interessadas no negócio ou ser totalmente indiferentes a ele"*.
[271] RAUL VENTURA, BRITO CORREIA; *Responsabilidade Civil*, BMJ 194, cit. p. 6.

67. Responsabilidade da sociedade pelos actos dos administradores

I. De acordo com o disposto no n.º 1 do artigo 151, é função dos administradores gerir e representar a sociedade perante terceiros. São eles que dão vida à sociedade, expressando, a cada momento, uma vontade que lhe seja juridicamente imputável.

Assim, os actos por si praticados (os direitos adquiridos e as obrigações assumidas) não recaem sobre a sua esfera jurídica mas sobre a da sociedade. Se assim é, perguntar-se-á, será aceitável que os administradores respondam, perante terceiros, pelos actos danosos por si praticados no desempenho das suas funções (durante o exercício das funções e por causa desse exercício[272])? Não deveria antes ser a sociedade a suportar a obrigação de indemnizar os terceiros lesados?

II. Ora, a primeira questão que se deve aqui analisar é a de saber se a sociedade responde perante terceiros pelos actos praticados pelos seus administradores.

Ora, a sociedade, como qualquer pessoa colectiva não tem vontade própria, carecendo, portanto, de órgãos que possam formar e exteriorizar uma vontade que lhes seja juridicamente imputável. Esta função é, no nosso direito positivo, conferida a administração (n.º 1 do artigo 151). Ora, os titulares deste órgão materializam aquela função adquirindo direitos e assumindo obrigações em nome da sociedade. Assim, se os direitos revertem a favor da sociedade, não nos parece fazer sentido que as obrigações já não revertam no mesmo sentido. E assim deve ser mesmo quando o verdadeiro responsável pelo não cumprimento seja o administrador[273]. É preciso, no entanto, não perder de vista que estamos aqui a falar de obrigações assumidas pelos administradores no desempenho das funções.

Dispõe o n.º 1 do artigo 152:

"Os actos praticados pelos administradores, em nome da sociedade e dentro dos poderes que a lei lhes confere, vinculam-na para com terceiros, não obstante as limitações dos poderes de representação constantes dos estatutos ou resultantes de deliberações dos sócios, mesmo que tais deliberações estejam publicadas."

---

[272] Este o acréscimo que fazem RAUL VENTURA e BRITO CORREIA, BMJ 194, p. 23.
[273] *Idem*, p. 10, 14.

A lei admite aqui, inequivocamente, que a sociedade não se pode furtar, regra geral, às obrigações assumidas pelos administradores. Aliás, representaria uma grande insegurança para o comércio admitir o contrário, pois os terceiros que com a sociedade negociassem só poderiam exigir o cumprimento dos seus direitos de crédito aos titulares dos órgãos com quem celebraram o negócio[274].

Deste modo, podemos concluir, e aqui, pode-se mesmo dizer, haver unanimidade na doutrina que muito de perto seguimos[275], que a responsabilidade da sociedade para com terceiros pelo não cumprimento das suas obrigações imputável aos administradores tem natureza contratual, mas já não delitual.

III. Partindo desta base – da existência de uma responsabilidade contratual da sociedade para com terceiros pelos actos praticados pelos seus administradores – deve colocar-se uma outra questão já menos pacífica: a de saber se do acto danoso, ilícito e culposo praticado pelo órgão da sociedade, *in casu*, administração, resulta uma responsabilidade por acto próprio ou, pelo contrário, uma responsabilidade por facto de outrem, podendo, neste último caso, fundar-se na culpa (*in eligendo, in instruendo* ou *in vigilando*) ou no risco. A resposta a esta questão vai possibilitar-nos determinar, em última análise, se a responsabilidade da sociedade para com terceiros (pelos actos praticados pelos administradores) é de natureza subjectiva ou objectiva.

IV. Num primeiro momento defendeu-se a teoria que sustentava que a responsabilidade da sociedade para com terceiros assentava numa responsabilidade por facto de outrem[276]. Isto porque, entendiam os seus

---

[274] RAUL VENTURA e BRITO CORREIA, BMJ 194, p. 10 e 13. Em anotação ao artigo 163 do CC, escrevem PIRES DE LIMA e ANTUNES VARELA (*Código Civil anotado*, Vol. I, cit.), *"As pessoas a quem a lei confere o poder de representação da pessoa colectiva, assim como adquirem direitos que ingressam imediatamente na esfera jurídica dela, também a vinculam às obrigações que contraem em nome dela, e a responsabilizam pelo cumprimento dessas obrigações"*. Esta disposição, na qual se insere o comentário destes Autores, determina, igualmente, que a administração das pessoas colectivas cabe, no silêncio dos estatutos, à administração ou a quem por ela for designado. Valem assim, também, no que diz respeito às sociedades comerciais.

[275] RAUL VENTURA e BRITO CORREIA, *Responsabilidade Civil*, BMJ 194, cit., p. 10.

[276] Entre eles, CABRAL DE MONCADA, citado por RAUL VENTURA e BRITO CORREIA, *Responsabilidade Civil*, BMJ 194, cit., p. 18-19.

defensores, a "pessoa colectiva" e os seus órgãos são pessoas distintas", não se identificando, por conseguinte, a vontade do órgão com a vontade da pessoa colectiva. O que efectivamente ocorre é que os efeitos da vontade dos órgãos são imputados à pessoa colectiva. A fragilidade desta teoria verificou-se quando se pretendeu fundar a responsabilidade por facto de outrem na culpa do comitente (*in eligendo*, *in instruendo* ou *in vigilando*)[277]. É que a pessoa colectiva, enquanto comitente, não tem vontade própria, ou seja, a sua vontade é formada e manifestada pelos seus órgãos, que, no fundo, seriam os comissários. Ora, não parece fazer muito sentido.

V. Num segundo momento, e motivada pela crítica atrás referida, uma parte da doutrina passou a defender a inexistência de duas pessoas distintas na relação entre órgãos e pessoa colectiva, sendo o órgão parte integrante da pessoa colectiva. Trata-se, com efeito, da consagração da teoria da responsabilidade por acto próprio[278]. Nos termos desta teoria, a sociedade seria responsável sempre que o órgão provocasse danos perante terceiros resultantes de um acto ilícito e culposo.

VI. Uma terceira corrente veio defender a teoria da responsabilidade por facto de outrem, já não fundada na culpa do comitente, mas sim no risco: a sociedade seria responsável perante terceiros, ainda que não tivesse culpa, desde que os seus órgãos tivessem agido com culpa. Trata-se, no fundo, da responsabilidade objectiva baseada na máxima *ubi commoda, ibi incommoda*. Deste modo, a sociedade não precisa ter culpa para responder perante terceiros pelos actos dos seus administradores. Porém, só responderá perante aqueles se estes tiverem agido com culpa e se o facto danoso for praticado no exercício das suas funções.

---

[277] MANUEL DE ANDRADE, *Teoria Geral*, vol. I, p. 136 e ss; VAZ SERRA, *Responsabilidade Contratual e Extracontratual*, BMJ nº 85, p. 141. Embora sem a defender, mas fazendo referência, RAUL VENTURA e BRITO CORREIA, *Responsabilidade Civil*, BMJ 194, cit., p. 18-19.

[278] MANUEL DE ANDRADE, *Teoria Geral*, Vol. I, cit., p. 142, nota 3; embora sem a defender, mas fazendo referência, RAUL VENTURA e BRITO CORREIA, *Responsabilidade Civil*, BMJ 194, cit., p. 19-20.

É esta a orientação que resulta do nosso direito positivo, designadamente, dos artigos 89[279] e 151, n.º 3[280]. O que se diz numa disposição diz-se noutra. Pode-se, por este motivo, questionar a necessidade da existência das duas disposições, dada a necessidade de sinteticidade dos códigos. Estas disposições mandam aplicar, *mutatis mutandis*, à responsabilidade da sociedade pelas acções ou omissões dos administradores o regime da responsabilidade do comitente previsto no artigo 500 do CC.

VII. Como vimos, de um modo geral, os terceiros, sejam eles credores, sócios, trabalhadores da sociedade, etc., podem demandar a sociedade para o ressarcimento dos danos provocados pelos administradores desta.

68. Responsabilidade subjectiva e extracontratual dos administradores

I. Como dissemos anteriormente, a responsabilidade da sociedade perante terceiros pelos actos praticados pelos seus administradores no exercício das suas funções é objectiva, o que quer dizer que a sociedade só responde se se provar a culpa dos administradores. Exige-se, portanto, a culpa dos administradores como condição para a responsabilização da sociedade perante terceiros[281].

O legislador manteve a exigência deste pressuposto – *culpa* – no que respeita à responsabilidade dos administradores perante terceiros[282]. É o que resulta do n.º 1 e 3 do artigo 164 e do artigo 165, que, no fundo, nos remetem para o regime geral da responsabilidade civil.

II. Assim, no que diz respeito à responsabilidade dos administradores perante os credores da sociedade, e tendo presente o regime geral,

---

[279] Artigo 89 (Responsabilidade Civil): "A sociedade responde civilmente pelos actos ou omissões de quem legalmente a represente ou a obrigue, nos termos em que o comitente responde pelos actos ou omissões dos comissários".

[280] Artigo 151 (Competência da administração), n.º 3: "A sociedade responde civilmente pelos actos e omissões das pessoas referidas nos nºs 1 (administração) e 2 (gerentes, auxiliares e procuradores) nos mesmos termos em que os comitentes respondem pelos actos e omissões dos comissários". O entre parêntesis é nosso.

[281] RAUL VENTURA e BRITO CORREIA, *Responsabilidade Civil*, BMJ 194, cit., p. 44-45.

[282] *Idem*.

aquela responsabilidade terá natureza subjectiva (n.º 1 do artigo 483), carecendo da culpa dos administradores como condição para a sua operacionalização.

III. Quanto à responsabilidade dos administradores para com os sócios e os restantes terceiros, resultante dos danos a estes causados no exercício das suas funções, o legislador remete, aqui já expressamente, para o regime geral da responsabilidade civil, cuja previsão encontra a sua sede no n.º 1 do artigo 483 do CC. Tal como decorre deste preceito, a responsabilidade ai prevista é baseada na culpa do agente.

IV. Cumpre também indagar se a responsabilidade dos administradores perante terceiros é contratual ou, pelo contrário, extracontratual. Já antes vimos, ao delimitarmos a figura do "terceiro", que este é todo aquele que escapa à relação existente entre a sociedade e os administradores, independentemente da natureza jurídica que se lhe pretenda atribuir. Aqui, os administradores não assumem, previamente, qualquer obrigação em relação aos terceiros[283]. Deste modo, tem-se considerado que a responsabilidade dos administradores face a terceiros (quer sejam sócios, credores da sociedade e todos os demais) tem natureza extracontratual[284], resultando da violação de um dever geral.

---

[283] *Idem*, p. 45.

[284] MENEZES CORDEIRO, *Da Responsabilidade Civil*, cit., 494-495. Diz este Autor, referindo-se ao nº 1 do artigo 78 do CSC, no qual se regula a responsabilidade dos administradores perante os credores da sociedade: *"Trata-se, desta feita e salvo o que, adiante, se dirá sobre as 'disposições contratuais', duma imputação delitual, moldada no figurino das normas de protecção, previstas no art. 483º/1, 2ª parte, do Código Civil. (…) As hipóteses de imputação obrigacional pressuporiam vínculos específicos, entre os administradores e os credores sociais, uns e outros nessa qualidade. Não existem: a personalidade das sociedades comerciais coloca as relações em causa, num plano diferenciado. Apenas ficaria de pé a hipótese do levantamento, através do abuso do Direito".* V. ainda RAUL VENTURA e BRITO CORREIA, *Responsabilidade Civil*, BMJ 194, cit., p. 45, 63; FILIPE VAZ PINTO, MARCOS KEEL PEREIRA, *A Responsabilidade Civil*, cit., p. 28; PUPO CORREIA, *Sobre a responsabilidade por dívidas sociais*, cit.

CONCLUSÃO

O presente estudo, embora resultado de um enorme esforço, está ainda longe de se considerar acabado. E são várias as razões que concorrem para esta afirmação.

A principal será certamente a inexistência de jurisprudência nacional – posterior à independência nacional – que verse sobre a responsabilidade civil dos administradores das sociedades comerciais. Até porque só esta análise, dirigida à aplicação da lei ao caso concreto, poderia servir de laboratório de experimentações das soluções jurídicas alcançadas pelo nosso legislador.

A este propósito, não nos parece que a vida societária esteja desprovida de questões subsumíveis à aplicação do regime da responsabilidade civil dos administradores. Porém, a exposição negativa que uma acção judicial tendente à efectivação da responsabilidade civil dos administradores das sociedades comerciais poderia criar para uma empresa tem funcionado muitas vezes como um entrave ao recurso aos tribunais. Alternativamente, e por forma a manter intacto o prestígio, muitas vezes alcançado à custa de um enorme esforço e como culminar de vários anos de trabalho árduo, as sociedades comerciais tendem a recorrer a meios internos para "responsabilizar" os administradores (v.g., destituição ou não recondução ao cargo de administrador), até porque, muitas vezes, os administradores não dispõem de património suficiente para responderem pela gestão ruinosa decorrente da violação dos seus deveres (facto que, aliado à exposição pública, agravaria muito mais a posição da sociedade). Esse facto pode justificar a inexistência de jurisprudência relativa à responsabilidade dos administradores para com a sociedade. Porém, não podemos dizer o mesmo em relação à responsabilidade dos administradores para com terceiros. Quanto a nós, neste último domínio, a inexistência de prática jurisprudencial deve estar relacionada (é uma presunção), de um modo geral, com a inexistência de uma cultura jurídica fortemente enraizada no domínio do exercício dos meios de defesa que a lei faculta.

Cientes deste facto, e por forma a mitigar os efeitos negativos dele resultantes, fomos buscar ao ordenamento jurídico que nos é, em termos de regulamentação, mais próximo, a prática jurisprudencial relativa a matéria *sub judice*. O destino foi o direito português. Em abono da verdade, não só a prática jurisprudencial fomos lá buscar, mas também os estudos doutrinários desenvolvidos pelos Autores que nele laboram.

No entanto, o facto de as sociedades comerciais de Moçambique e Portugal desenvolverem as suas actividades em contextos sociais, económicos e culturais diferentes, deveria, em princípio, justificar, em determinados aspectos, um tratamento diferenciado das questões técnico-jurídicas plasmadas nos dois ordenamentos. É verdade que não podemos prescindir das várias conquistas doutrinárias e legislativas que foram alcançadas ao longo dos tempos por países que mantém com Moçambique certos laços. Mas, ainda assim, toda e qualquer "importação" de soluções deve circunscrever-se ao estritamente necessário, respeitando as particularidades que resultam da realidade de cada sociedade. Porém, o que verificamos é que, em grande medida, na nossa legislação, mesmo pós-independência, não se reflectem soluções dos problemas próprios dos seus destinatários. Consagram-se nela soluções muito avançadas sob o ponto de vista formal, mas que, materialmente, podem não corresponder aos anseios da população. O seguidismo na consagração das mesmas soluções fez com que o nosso legislador repetisse, desnecessariamente, os mesmos lapsos cometidos pelo legislador português, e criticados pela sua doutrina. Cite-se, exemplificativamente, a disposição de certos deveres dos administradores que, pela sua natureza, teriam melhor enquadramento na parte geral do Código Comercial, críticas, aliás, avançadas pelo Professor MENEZES CORDEIRO, mas que se encontram na parte especial de alguns tipos societários (*v.g.*, a proibição de concorrência), previstas como deveres específicos dos administradores das sociedades por quotas e anónimas, mas já não para os restantes tipos societários – na verdade, este dever deveria ser exigível aos administradores de todos os tipos societários, o que equivale a dizer que deveria estar enquadrado na parte geral dos deveres dos administradores.

Algumas soluções que alcançámos podem parecer ousadas; elas terão, porém, segundo presumimos, o mérito de contribuir para uma discussão nacional em torno das mesmas, marcando o seu início.

BIBLIOGRAFIA

ABREU, Jorge Manuel Coutinho de; *Da Empresarialidade (As Empresas no Direito)*, Coimbra, 1994.
– *Empresas Virtuais*, in Estudos em Homenagem ao Professor Doutor Inocêncio Galvão Telles, Novos Estudos de Direito Privado, Vol. IV, Almedina, Coimbra, 2003.
ALBUQUERQUE, Pedro de; *Direito de Preferência dos Sócios em Aumentos de Capital nas Sociedades Anónimas e Por Quotas*, Coimbra, 1993.
ALMEIDA, António Pereira de, *A Relevância dos Vícios do Voto nas Assembleias Sociais*, in Estudos em Homenagem ao Professor Doutor Inocêncio Galvão Telles, Novos Estudos de Direito Privado, Vol. IV, Almedina, Coimbra, 2003.
ANTUNES, Ana Filipa Morais, Prescrição *e Caducidade - Anotação aos artigos 296.º a 333.º do Código Civil ("O tempo e sua repercussão nas relações jurídicas")*, Coimbra Editora, Coimbra, 2008.
ASCENSÃO, José de Oliveira, *Direito Comercial*, Vol. I, Lisboa, 1994.
– *Direito Comercial*, Vol. IV, Lisboa, 1993
ANDRADE, Manuel A. Domingues de; *Teoria Geral da Relação Jurídica*, Vol. I, Reimpressão, Almedina, Coimbra, 1997.
– *Teoria Geral da Relação Jurídica*; Vol. II, Reimpressão, Almedina, Coimbra, 1998.
CAEIRO, António; SERENS, Manuel Couceiro Nogueira; *Código Comercial, Código das Sociedades Comerciais*, 16ª edição, Almedina, Coimbra, 2005.
CAMPOS, Raul José Dias Leite de, *As Sociedades Comerciais na Jurisprudência Portuguesa*, Edições ATICA, Lisboa, 1965.
Código das Sociedades Comerciais (Projecto), BMJ n.º 325, p. 107
COELHO, Francisco Manuel Pereira; *O Nexo de Causalidade na Responsabilidade Civil*; Dissertação Para Licenciatura em Ciências Jurídicas na Faculdade de Direito da Universidade de Coimbra; Coimbra Editora; Coimbra; 1950.
CORDEIRO, António Menezes; *Da Responsabilidade Civil dos Administradores das Sociedades Comerciais*, Lex, Lisboa, 1997.
– *Direito das Obrigações;* vols. I e II; AAFDL; Lisboa; 1994.
– *Da Boa Fé no Direito Civil*, Vols. I e II, Almedina, Coimbra, 1984
– *Direito Europeu das Sociedades*, Almedina, Coimbra, Coimbra, 2005

– *Tratado de Direito Civil Português*, I Parte Geral, Tomo I, 3ª ed. (aumentada e inteiramente revista), Almedina, Coimbra, 2005.

CORREIA, A. Ferrer, *Lições de Direito Comercial*, Lex, Coimbra, 1994.

CORREIA, Eduardo, com a colaboração de FIGUEIREDO DIAS, *Direito Criminal*, Vol. I, Reimp., Almedina, 2001.

CORREIA, Luís Brito, *Os Administradores de Sociedades Anónimas*, Almedina, Coimbra, 1993.

– *Direito Comercial – Sociedades Comerciais*, Vol. II, AAFDL, Lisboa, 2000.

CORREIA, Miguel J. A. Pupo; *Direito Comercial*; 8ª ed., Ediforum, Lisboa, 2003.

COSTA, Mário Júlio de Almeida; *Direito das Obrigações*; 9.ª ed.; Almedina; Coimbra; 2001.

CUNHA, Paulo Olavo, *A Redução do Capital das Sociedades Anónimas*, in Estudos em Homenagem ao Professor Doutor Inocêncio Galvão Telles, Novos Estudos de Direito Privado, Vol. IV, Almedina, Coimbra, 2003.

FARIA, Jorge Leite Areias Ribeiro de; *Direito das Obrigações*; vol. I; Almedina; Coimbra; 2001.

FARINHA, João de Deus Pinheiro, *Código Comercial Português (Breves Notas de Legislação, Jurisprudência e Doutrina)*, 2ª ed., reimp. Almedina, Coimbra, 1994.

FERNANDES, Luís A. Carvalho; *Teoria Geral do Direito Civil*, Vols. I e II, 3ª ed. (revistas e actualizadas), Universidade Católica Editora, Lisboa, 2001.

FRANCO, João de Melo *et* MARTINS, Herlander Antunes; *Dicionário de conceitos e princípios jurídicos;* Livraria Almedina; 3ª ed.; Coimbra, 1995.

FURTADO, Jorge Henrique Pinto, *Curso de Direito das Sociedades*, 4ª ed., Almedina, 2001.

– *Código Comercial Anotado*, Vol. II, *Das Sociedades em Especial*, Tomo II, Almedina, Coimbra, 1986.

GOMES, Manuel Januário da Costa; *Assunção fidejussória de Dívida. Sobre o Sentido e o Âmbito da Vinculação como Fiador*, Almedina, Coimbra, 2000.

JORGE, Fernando de Sandy Lopes Pessoa; *Ensaio Sobre os Pressupostos da Responsabilidade Civil*; Cadernos de Ciência e Técnica Fiscal; Centro de Estudos Fiscais da Direcção-Geral das Contribuições e Impostos; Ministério da Justiça; Lisboa; 1968.

LEITÃO, Luis Manuel Teles de Menezes; *Direito das Obrigações*; Vol. I; Almedina; Coimbra; 2000.

– *Pressupostos da Exclusão de Sócio nas Sociedades Comerciais*, Lisboa, 1989.

– *Garantias das Obrigações*, Almedina, Coimbra, 2006.

LIMA, Fernando Andrade Pires de; VARELA, João de Matos Antunes; *Código Civil Anotado*; Vols. I e II; Coimbra Editora; 1967.

MONCADA, Luís Cabral de; *Lições de Direito Civil;* Livraria Almedina; Coimbra; 4ª ed. (revista); 1995.

MONTEIRO, António Pinto, *Cláusulas de Exclusão e Limitação da Responsabilidade Contratual*, Almedina, Coimbra, 2003.

MONTEIRO, Jorge F. Sinde; *Estudos Sobre a Responsabilidade Civil*; Coimbra; 1983

NETO, Abílio, *Sociedades por Quotas – Notas e Comentários*, Livraria Petrony, Lisboa, 1977.

NEVES, Castanheira, *O Actual Problema Metodológico Da Interpretação Jurídica – I*, Coimbra Editora, Coimbra, 2003.

OLAVO, Fernando, *Direito Comerciail*, Vol. I, 2ª ed., Lisboa. 1970.

PERALTA, Ana Maria, *Assunção pela Sociedade Comercial de Negócios Celebrados antes do Registo, in* Estudos em Homenagem ao Professor Doutor Inocêncio Galvão Telles, Novos Estudos de Direito Privado, Vol. IV, Almedina, Coimbra, 2003.

PINTO, Carlos Alberto da Mota; *Teoria Geral do Direito Civil;* 4ª ed. por ANTÓNIO PINTO MONTEIRO e PAULO MOTA PINTO; Coimbra editora; Coimbra; 2005

PRATA, Ana; *Dicionário Jurídico*; Almedina; Coimbra; 3ª ed. (revista e actualizada); 1995.

– *Cláusulas de Exclusão e Limitação da Responsabilidade Contratual*, Almedina, Coimbra, 2005;

SERENS, Manuel Couceiro Nogueira, *Notas Sobre a Sociedade Anónima*, Coimbra editora, Coimbra, 1997

SERRA, Adriano Paes da Silva Vaz; *Responsabilidade Contratual e Responsabilidade Extracontratual*, BMJ n.º 85, p. 115-241.

SILVA, Manuel Gomes da; *O Dever de Prestar e o Dever de Indemnizar*; vol. I; Lisboa; 1944.

VARELA, João de Matos Antunes; *Das Obrigações em Geral;* Vol. I; Almedina; Coimbra; 8ª ed., 1994.

VASCONCELOS, Pedro Pais de; *Teoria Geral do Direito Civil*, 6ª ed., Almedina, Coimbra, 2010.

VENTURA, Raul; CORREIA, Luís Brito; *Responsabilidade Civil dos Administradores de Sociedades Anónimas e dos Gerentes de Sociedades por Quotas*; BMJ 192 (1970), 5-112; BMJ 193 (1970), 5-182; BMJ 194 (1970), 5-113; BMJ 195 (1970), 21-90.

– *Sociedades por Quotas – Comentário ao Código das Sociedades Comerciais*, Vol. III, 2ª reimpressão, Almedina, Coimbra, 1991

XAVIER, VASCO DA GAMA LOBO; *Anulação de Deliberação Social e de Deliberações Conexas*, Atlântida Editora, Coimbra, 1976.

ARTIGOS PUBLICADOS NA INTERNET

www.oa.pt
Ordem dos Advogados de Portugal

- CORDEIRO, António Menezes; *Os Deveres Fundamentais dos Administradores das Sociedades;*
- *A lealdade no direito das sociedades;*
- CORREIA, Miguel Puto; *Sobre a responsabilidade por dívidas sociais dos membros dos órgãos da sociedade,*
- FRADA, Manuel Carneiro da; *A Responsabilidade dos Administradores na Insolvência.*
- *A business judgement rule no quadro dos deveres gerais dos administradores;*
- SILVA, JOÃO CALVÃO DA; *Responsabilidade Civil dos Administradores não Executivos, da Comissão de Auditoria e do Conselho Geral e de Supervisão.*

www.abreuadvogados.com
Abreu Advogados

- *Capital de Risco e Insolvência – Responsabilidade dos Administradores; Nota Informativa Área de Prática de Direito Comercial.*
- FERREIRA, ARMANDO MARTINS; *Administração de Sociedades – Novas Regras e Modelos de Organização.*

www.unl.pt
Faculdade de Direito da Universidade Nova de Lisboa

- PINTO, FILIPE VAZ; PEREIRA, MARCOS KEEL; *A responsabilidade Civil dos Administradores de Sociedades Comerciais.* Working Paper 5/01

LEGISLAÇÃO[285]

a) Nacional

Dec.-Lei n.º 2/2009 de 24 de Abril, *Altera alguns artigos do Código Comercial*, BR n.º 016, I Série, 3.º Supl. de 24 de Abril de 2009, p. 86-(23) a 86-(26).

Lei n.º 3/2009 de 12 de Janeiro, *Autoriza o Governo a aprovar as alterações ao Código Comercial*, BR n.º 001, I Série, 3.º Supl. de 12 de Janeiro de 2009, p. 2-(115) a 2-(116).

Res. n.º 3/2008, de 29 de Maio, *Aprova a estratégia para a melhoria do ambiente de negócios*, BR n.º 22, I série, 2.º supl., p. 190-(3) a 190-(11)

Dec.-Lei n.º 2/2005 de 27 de Dezembro, *Aprova o Código Comercial*, BR n.º 051, I Série, 5.º Supl. de 27 de Dezembro de 2005, p. 436-(88) a 436-(186)

Lei n.º 10/2005, de 23 de Dezembro, *Autoriza o Governo a introduzir alterações ao Código Comercial*, BR n.º 051, I Série, 2.º Supl. de 23 de Dezembro de 2005, p. 436-(6) a 436-(7)

Dec. n.º 53/2005, de 22 de Dezembro, Cria secções de competência especializada em matéria comercial, nos tribunais judiciais de província, BR n.º 51, I Série, 6.º Supl. de 22 de Dezembro de 2005, p. 436-(188).

Lei n.º 7/2005, de 20 de Dezembro, *Cria a Taxa de Conversão do Metical em circulação para o Metical da nova família*, BR n.º 050, I Série, Supl. de 20 de Dezembro de 2005, p. 432-(1) a 432-(2)

Lei n.º 9/2004, de 21 de Julho, *Altera os artigos 1, 2, 3, 4, 5, 6, 7, 10, 11, 12, 13, 14, 15, 17, 18, 19, 20, 21, 23, 24, 32, 40, 41, 49, 51, 52, 55, 59, 65, 66, 68, 73, 77, 78, 79, 81, 83, 84, 106, 107, 108, 110, 116, 117, 118, 119 e 120 da Lei n§ 15/99, de 1 de Novembro,* BR n.º 029, I Série, de 21 de Julho de 2004, p. 274 a 282

---

[285] Os diplomas são indicados do mais recente para o mais antigo.

Lei n.º 10/2004 de 25 de Agosto, *Aprova a Lei da Família e revoga o Livro IV do Código Civil,* BR n.º 034, I Série, Supl. de 25 de Agosto de 2004, p. 342-(1) a 342-(40)

Lei n.º 15/99, de 01 de Novembro, *Regula o estabelecimento e o exercício da actividade das instituições de crédito e das sociedades financeiras,* BR n.º 043, I Série, 4.º Supl. de 01 de Novembro de 1999, p. 194(35) a 194(49)

Dec.-Lei n.º 648/70, de 28 de Dezembro, *dá nova redacção aos artigos 1.º, 3.º, 37.º e 49.º do Dec.-Lei n.º 49 381, de 15 de Novembro de 1969*, tornado extensivo pela Portaria n.º 352/70, de 13 de Julho.

Dec.-Lei n.º 49 381, de 15 de Novembro de 1969, *Promulga o regime jurídico de fiscalização das sociedades anónimas,* DG n.º 268, I Série, de 15 de Novembro de 1969, p. 1607-1613, tornado extensivo às então províncias ultramarinas pela Portaria n.º 352/70, de 13 de Julho

Carta de Lei de 28 de Junho de 1888, aprova o *Código Comercial* de 1888.

CÓDIGO CIVIL (Aprovado pelo Decreto-Lei n.º 47 344, de 25 de Novembro de 1966, e tornado extensivo as *províncias ultramarinas* pela Portaria n.º 22 869, de 4 de Setembro de 1967).

CÓDIGO DE PROCESSO CIVIL (Aprovado pelo Decreto-Lei n.º 44 129, de 28 de Dezembro de 1961, alterado pelo Decreto-Lei n.º 47 690, de 11 de Maio de 1967, e tornado extensivo as *províncias ultramarinas* pela Portaria n.º 23 090, de 26 de Dezembro de 1967. Este diploma foi ainda alterado pelo Dec.-Lei n.º 1/2005, de 27 de Dezembro, BR n.º 051, I Série, 5.º Supl. de 27 de Dezembro de 2005, pág. 436- -(46) a 436-(88), e pelo Dec.-Lei n.º 1/2009, de 24 de Abril, BR n.º 016, I Série, 3.º Supl. de 24 de Abril de 2009, p. 86-(9) a 86-(23).

b) *Estrangeira*

Dec.-Lei n.º 76-A/2006, de 29 de Março, *Actualiza e flexibiliza os modelos de governo das sociedades anónimas, adopta medidas de simplificação e eliminação de actos e procedimentos notariais e registrais e aprova o novo regime jurídico da dissolução e da liquidação de entidades comerciais,* D.R. n.º 63, Suplemento, Série I-A de 29 de Março de 200 2328-(2) a 2328-(190).

Dec.-Lei n.º 262/86, de 2 de Setembro, *Aprova o Código das Sociedades Comerciais,* DR n.º 201, de 2 de Setembro de 1986, p. 2293

ÍNDICE

Prefácio 11
Abreviaturas 13
Introdução 15
    Delimitação e importância do tema 15
    Método e sequência 16

Parte I
A Administração das Sociedades Comerciais. Noções Gerais

Cap. I – Os órgãos sociais. A administração 21
    1. Os órgãos sociais. Considerações gerais 21
    2. A administração. Noção e sua estrutura 23
    3. Composição da administração 32

Cap. II – Evolução histórica 35
    4. Considerações gerais 35
    5. 1.º período: De 1975 a 2005 (Regime anterior) 35
    6. 2.º período: De 2005 em diante (Regime actual) 38

Cap. III – Natureza jurídica 41
    7. Considerações gerais 41
    8. Teoria do mandato 41
    9. Teoria orgânica ou organicista 42

Parte II
Os Deveres dos Administradores

Cap. I – Fontes dos deveres dos administradores 45
    10. Considerações gerais 45

11. A lei 45
12. Os estatutos 46
13. As deliberações da assembleia geral 47

Cap. II – Enumeração dos deveres legais 53
14. Considerações gerais 53
15. Dever de diligência. Remissão 53
16. A parte geral das sociedades comerciais (Livro II, Título I do Código Comercial) 54
17. As partes especiais – Sociedades comerciais em especial (Livro II, Titulo II do Código Comercial). Considerações gerais 61
18. As sociedades em nome colectivo 63
19. As sociedades em comandita 63
20. As sociedades de capital e indústria 64
21. As sociedades por quotas 64
22. As sociedades anónimas 65

Parte III
Responsabilidade Civil dos Administradores

Cap. I – Abordagem histórica 71
23. Considerações gerais 71
24. 1.ª fase: de 1975 a 2005 (Regime anterior) 71
25. 2.ª fase: de 2005 em diante (Regime actual) 72

Cap. II – Os sistemas de responsabilidade civil dos administradores ... 75
26. Considerações gerais 75
27. Sistema francês: o modelo processual 75
28. Sistema alemão: o modelo substantivo 80
29. Modelo adoptado por Moçambique. Modelo híbrido 82

Parte IV
Responsabilidade Civil dos Administradores
para com a Sociedade

Cap. I – Aspectos substantivos 87
30. Considerações gerais 87
31. O facto voluntário 88
32. A ilicitude 89
33. A culpa. O dever de diligência 91
34. O dano e o nexo de causalidade 107

CAP. II – FACTOS EXTINTIVOS DA RESPONSABILIDADE DOS ADMINISTRADORES .. 109
   35. Prescrição 109
   36. Renúncia 112
   37. Remissão 115
   38. Transacção 116

CAP. III – GARANTIAS DAS OBRIGAÇÕES DOS ADMINISTRADORES 117
   39. Considerações gerais 117
   40. Garantia geral do cumprimento das obrigações. O património pessoal do administrador 118
   41. Garantias especiais. A solidariedade passiva 119
   42. A solidariedade passiva nos casos de administradores executivos e não executivos. Exclusão da solidariedade passiva 121
   43. Outros casos de exclusão da solidariedade passiva dos administradores 122
   44. Garantias especiais. A prestação de caução 124

CAP. IV – CLÁUSULAS (ACESSÓRIAS) SOBRE A RESPONSABILIDADE CIVIL DOS ADMINISTRADORES 127
   45. Considerações gerais 127
   46. Cláusula de exclusão e de limitação de responsabilidade 127
   47. A possibilidade de aposição de cláusula penal 128

CAP. V – ASPECTOS PROCESSUAIS 131
   48. Considerações gerais 131
   49. Acção proposta pela sociedade (acção social *ut universi*) 131
   50. Acção proposta pelos sócios (acção social *ut singuli* imprópria ou acção de grupo) 136
   51. Acção sub-rogatória dos credores sociais 140

CAP. VI – NATUREZA JURÍDICA 143
   52. Considerações gerais 143
   53. Responsabilidade subjectiva e responsabilidade objectiva 144
   54. Responsabilidade contratual e responsabilidade extracontratual ... 146

PARTE V
Responsabilidade dos Administradores Perante Terceiros

CAP. I – ASPECTOS SUBASTANTIVOS 151
   55. Considerações gerais 151
   56. O facto voluntário 151

57. A ilicitude	151
58. A culpa	153
59. O dano e o nexo de causalidade	155
Cap. II – Factos extintivos	157
60. Considerações gerais	157
61. Renúncia. Remissão. Transacção	157
62. Prescrição	158
Cap. III – Garantias das obrigações dos administradores	161
63. O património dos administradores	161
64. Cumulação de responsabilidades. Solidariedade passiva	161
Cap. IV – Aspectos processuais	165
65. Questões básicas. Remissão	165
Cap. V – Natureza jurídica	167
66. Considerações gerais	167
67. Responsabilidade da sociedade pelos actos dos administradores	168
68. Responsabilidade subjectiva e extracontratual dos administradores	171
Conclusão	173
Bibliografia	175
Artigos publicados na internet	179
Legislação	181